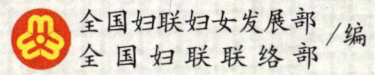
全国妇联妇女发展部
全国妇联联络部 /编

DILIGENCE AND HAPPINESS
勤劳敲开幸福门
巾帼减贫脱贫故事
STORIES OF CHINESE WOMEN SHAKING OFF POVERTY

中国妇女出版社

前言 PREFACE

　　消除贫困，改善民生，逐步实现共同富裕，是社会主义的本质要求。中国共产党十八大以来，以习近平同志为核心的党中央作出了到2020年实现农村贫困人口全部脱贫、贫困县全部摘帽，全面建成小康社会的庄严承诺，发出了"举全党全社会之力，坚决打赢脱贫攻坚战"的动员令。

　　为贯彻落实习近平总书记关于脱贫攻坚的重要讲话精神，全国妇联深入推进"巾帼脱贫行动"，瞄准建档立卡贫困妇女，开展宣传教育、注重立志脱贫，加强技能培训、提高能力脱贫，用好小额贷款、助推创业脱贫，发展妇女手工、实施巧手脱贫，注重能人引领、带动互助脱贫，搞好"两癌"检查、推动健康脱贫，凝聚社会力量、爱心助力脱贫，引领广大贫困妇女在脱贫攻坚中听党话、跟党走，早日实现精准脱贫。

各级妇联组织发挥优势、主动作为，因地制宜、精准施策，截至2018年6月，共组织690万人次贫困妇女和妇女骨干参加各类脱贫培训，建立1.38万个巾帼脱贫基地，帮助365.8万人次贫困妇女通过手工、电商、家政、特色种植养殖发展增收，配合扶贫部门发放扶贫小额信贷589亿元，扶持107万建档立卡贫困妇女创业增收，救助6万名贫困"两癌"患病妇女，在脱贫攻坚战中发挥了妇联组织的独特作用。

"巾帼脱贫行动"实施以来，各地涌现出大量自立自强、勤劳奋斗的贫困妇女和一批用心用情、无私奉献的妇女干部。她们不等不靠、光荣脱贫，激扬巾帼之志；她们积极投身打赢脱贫攻坚战的伟大实践，奉献巾帼之力；她们在巾帼脱贫行动中创造出彩人生，唱响巾帼之歌；她们用勤劳双手绣出美好的幸福生活，彰显巾帼之美。

"等闲识得东风面，万紫千红总是春。"从她们身上，我们看到了砥砺奋进的时代精神，看到了巾帼不让须眉的时代风貌，看到了不甘贫困、弱鸟先飞的时代风采。

当前，中国的脱贫攻坚到了决战决胜的关键时期。习近平总书记对打赢脱贫攻坚战作出重要批示，强调要真抓实干、埋头苦干、万众一心，夺取脱贫攻坚战全面胜利。让我们更加紧密地团结在以习近平同志为核心的党中央周围，坚定信心，尽锐出战，狠抓实效，确保焦点不散、靶心不变，不漏一村，不漏一个妇女，为如期完成脱贫攻坚目标任务、全面建成小康社会贡献巾帼力量！

妇女脱贫致富典型案例

002 **知识的致富力量**
记河北省平山县田峪果品苗木专业合作社梁红霄

006 **养鸡致富奔小康**
记山西省岢岚县阳坪乡石盘头村国容容

010 **中国"驯鹿之乡"的民俗旅游致富人**
记内蒙古自治区根河市敖鲁古雅鄂温克族乡布冬霞

014 **残疾女孩的"村淘"致富梦**
记黑龙江省延寿县延河镇福山村王雪

019 **巾帼脱贫靠智慧 致富路上展英姿**
记江苏省徐州市丰县欢口镇李庄村赵小凤

023 **脱贫致富的"领头羊"**
记安徽省庐江县龙桥镇高山村房呈霞

028	年轻不服输　　脱贫靠自立
	记福建省明溪县盖洋镇温庄村杨春晓
033	致富不忘乡亲　　真情回报桑梓
	记江西省余江县杨溪乡江背水口何家村张单英
037	缝纫机缝出的好日子
	记山东省夏津县雷集镇马官屯村李金美
041	黑暗中　　她迎来想要的幸福
	记河南省鲁山县下汤镇乱石盘村郑玉荣
046	一株盛开在摆脱贫困路上的红莲
	记湖北省赤壁市黄盖湖镇大湾村夏翠红
048	助力贫困母亲撑起一片天
	记湖南省汝城县井坡镇大村村刘晓梦
052	能人带动　　发展养殖业互助脱贫
	记广东省信宜市贵子镇西门村周洪芬
055	帮扶引上致富路
	记海南省定安县黄竹镇大坡村谢桂蓉
058	巧手画飞鸟　　飞出贫困乡
	记贵州省丹寨县扬武镇杨而朗
063	小肩膀撑起家政大蓝天
	记云南省马龙县馨洁家政服务部何章芬
067	贫困不可怕　　脱贫当自强
	记西藏自治区曲水县茶巴拉村群宗

| 070 | 勇当群众脱贫致富路上的引路人
记陕西省扶风县召公镇吴家村王喜玲

| 075 | 逆境重生　携手同奔小康
记甘肃省陇南市西和县兴隆镇杨英童

| 080 | 脱贫致富路上的女能人
记青海省门源县西滩乡东山村褚维兰

| 083 | 美丽产业编织致富路
记宁夏回族自治区青铜峡市青峡绣女工艺品编织有限公司李秋梅

| 087 | "残疾妈妈"巧手致富
记新疆维吾尔自治区巴州博湖县才坎诺尔乡李玉慧

| 090 | 情系托峰富农家
记新疆建设兵团一师四团十五连乌丽倩木·托乎提

| 094 | 用真心真情做好扶贫工作
记天津元彩文化创意有限公司陈元绥

妇女干部帮扶典型案例

| 100 | 扶贫，从"新手"到"熟路"
广西壮族自治区百色市市委宣传部 黄文秀

| 107 | 点燃希望的火种　照亮自己　温暖他人
记河北省邢台市妇联张卉

112	为贫困村开出"治病良方" 记山西省吕梁市妇联刘小艳
117	哈海沟村群众的贴心人 记内蒙古自治区通辽市妇联周月飞
122	真情助困　躬身为民 记辽宁省北票市妇联程伟
128	曙光村来了"娘家人" 记吉林省通榆县妇联闫秀娟
133	贫困村里来了领路人 记黑龙江省嫩江县妇联沈淼
140	扶贫第一线的巾帼奉献 记安徽省临泉县长官镇妇联朱芳
144	巾帼助困有妙招　精准扶贫出实效 记福建省诏安县太平镇妇联蔡婕
149	一位"美女书记"的扶贫路 记山东省日照市莒县峤山镇政府钟翠娟
156	呕心沥血　为九渡带来希望 记河南省焦作市发改委王晶
161	带领村民脱贫致富奔小康的"女强人" 记湖北省建始县高坪镇青里坝村唐瑛
165	扶贫路上　苦尽甘来 记湖南省妇联驻村扶贫队

171	八年扶贫听民情解民忧 记广东省肇庆市妇联刘晓林
176	爱唱"反调"的扶贫女干部 记广西壮族自治区田阳县五村镇桥马村妇联陆东香
181	用金子般的心服务贫困群众 记海南省定安县安监局王燕燕
185	做好巾帼脱贫攻坚的贴心"娘家人" 记重庆市云阳县妇联张霞
191	激扬巾帼之志　夯实脱贫之路 记四川省南充市妇联潘翔
196	金凤关上"领头雁" 记贵州省黔南州长顺县鼓扬社区妇联黄茹秀
203	"为人民服务"的美好人生 记云南省施甸县姚关镇妇联张为美
208	用真心真情　助力脱贫攻坚 记西藏自治区拉萨市墨竹工卡县甲玛乡欧珠群措
212	把村民当亲人　用真情和实干带领乡亲们脱贫致富 记陕西省妇联王青芳
221	助力脱贫攻坚　推动巾帼建功 记甘肃省玉门市柳湖乡妇联陈晶
226	牢记使命　努力推进后进村的美丽蜕变 记青海省妇联姚阳

| 232 | 驻村路上的扶贫情
记新疆维吾尔自治区精河县委巴得曼

| 235 | 巾帼人生扬风帆
记新疆生产建设兵团第二师29团王振辉

| 239 | 无怨无悔的奉献与担当
记全国妇联组织部高宏亮

妇女脱贫致富典型案例

POVERTY · DILIGENCE AND HAPPINESS: STORIES OF CHINESE WOMEN SHAKING OFF POVERTY · DILIGENC

知识的致富力量

记河北省平山县田峪果品苗木专业合作社梁红霄

忙,是梁红霄每天的工作状态。忙着给4个果树育苗基地安排工人,忙着安排正常的工作,忙着接打电话找客商,忙着指导农户的田间管理,忙着准备果树种植技术培训课的讲课内容……

毕业于河北农业大学林果专业的梁红霄,想要用自己多年所学为乡亲们脱贫致富,于是,放弃了外地的高薪职业,返回平山老家创业。回乡之初,她想到了农业合作社这个与农民息息相关的经济合作组织。说干就干,2013年,她通过租赁、置换、入股、合作等方式流转整理土地1180亩、基地3个,正式成立了平山县田峪果品苗木专业合作社。如今,基地内已栽植优质薄皮核桃、苹果、桃5万余株;拥有现代化苗圃4个共150亩,栽植100万株种苗。依靠自己的专业知识,她参与完成多个栽培技术项目和创新创业课题研究,提高了土地有机质含量、山地单位面积栽植棵数及成活率,树体通风透光条件好了,病虫害发生少,核桃品质提高,产品售价提升了近40%。她还示范、推广并形成了核桃优质省力化配套栽培技术体系,节约种植成本，提高了核桃产量，增加了果农收益；取得核桃育苗繁殖技术专利，使核桃苗嫁接成活率提高10%。合作社实施的"合作社＋基地＋农户"现代农业模式，帮扶了大量妇女、贫困户等低收入群体。

在合作社发展的同时，梁红霄还通过产业整合、技术帮扶等形式，帮助王坡乡、平山镇、三级乡、岗南镇四个乡镇的22个育苗户发展果木产业，累计产业面积1138亩，辐射面积3000亩。基地常年为周边农村妇女提供就业岗位，现有生产工人30名，为全县培育农村妇女科技致富带头人40多名，辐射带动1500名农村妇女增收致富。

"当初，她放弃高薪回乡的时候，我们都认为她脑子有毛病，回乡与泥巴打交道有什么前途吗？现在才发现这个女子不

简单，不光把自己的果木示范园整得红红火火，还带领我们这些农村妇女一起致富，佩服啊！"说起梁红霄，下峪村的焦利平一个劲儿地夸赞。在梁红霄的帮助下，她学习了果木栽植技术，种植了近6亩的果木苗。"现在我们一年的收入翻了好几倍，红霄说种什么我就种什么，说种多少我就种多少，也不用担心销售，红霄帮着我卖。"焦利平说。

像焦利平一样得到梁红霄帮助的农村妇女还有很多：下峪村的刘花琴与梁红霄合作，成立了一个苹果、核桃栽培基地；岗南镇武家庄村的贫困妇女谢书花、王仕菊与梁红霄签订了帮扶协议，在她的帮助下种植苗木，并且一步步走上致富路……

许多缺少技术和资金的农户自愿加入梁红霄的合作社，与她一起致富创业。梁红霄在无偿为他们提供苗木及技术支持的同时，还免费提供有机生物农药给农户试用，既解决了植株病虫害防治问题，又保证了果品质量安全，得到社员的充分认可。

随着梁红霄的田峪果品基地的发展壮大，基地和她自己获得了众多荣誉。但梁红霄始终不曾忘记自己最初回乡的目的——帮助更多的农民脱贫致富。如今，她心中有了更大的梦想，她要打造平山的果品品牌，带领乡亲们实现共同富裕的中国梦！

（图文：河北省妇女联合会）

养鸡致富奔小康

记山西省岢岚县阳坪乡石盘头村国容容

阳坪乡石盘头村贫困户国容容和丈夫张金玉只有小学文化程度。在被识别为精准贫困户以前,国容容和丈夫耕种着自己家的几亩薄田,经济收入很低。家里不仅有年迈的父母需要照顾,女儿张敏还在外地上大学,学费昂贵,每次开学东拼西凑为孩子借学费,成了一家人的心事和大事。

穷则思变,国容容和丈夫暗下决心,一定要还清外债,让全家走上致富路。一次偶然的机会,国容容丈夫在报纸上看到一篇养鸡致富的报道,于是萌生了养鸡的想法。夫妻俩仔细商量,认为村里自然条件优越,利于从事养殖业,养鸡是条很好的致富路。但是他们一没资金,二没技术,一旦养不好,原本不富裕的日子会雪上加霜。

国容容生来就有一个倔脾气,她认准的事必须干。她想:如果不走出这致富的第一步,就真的要和父母一样,永远过穷日子吗?说干就干!没有资金,国容容就跑回娘家筹措了5000元,又利用政府的惠农政策向银行免息贷款1万元,在自家院里建了一个养鸡棚。养殖前期,由于她的文化水平不高,也没有

经过专业的养殖培训,日常防控意识不强,结果有些鸡苗还没有产蛋就死了。失败让国容容意识到:没有技术,只靠辛苦是不行的,专业的科学养殖技术一定要学!

恰好,全县为精准贫困户举办养殖培训班,国容容带着懊恼又兴奋的情绪去参加了。几天的培训,她内心受到了很大的触动,认识到盲目养殖和科学养殖不仅存在着巨大的差异,同时也直接关系到自己的经济收益和养殖成败。在学习过程中,国容容认真听讲并结合自己的养殖实践找老师探讨、请教问题,终于掌握了从鸡苗选择到鸡雏管理再到产蛋期管理等一系列养殖技术。

回家后,国容容和丈夫克服困难,努力发展科学养鸡。经过精心管理、科学喂养,育成产蛋鸡590只,当年就实现了纯收入1万元,成为当地养鸡致富的"领头雁"。

初尝成功的喜悦,坚定了国容容养鸡致富的信心和决心,她想朝着更高更远的目标奋斗。在搞好自家养殖场的同时,她

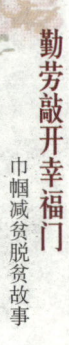

也不忘记村里的其他贫困户，时时关心他们的生活、生产情况。有想搞养殖的，她就主动去指导怎么选鸡雏，怎么喂饲料，怎么消防控，怎么做管理；有生活困难的老人，她就时常送一些鸡蛋或者钱物去帮助他们。她说："以前生活很困难，我能够体会到生活的不易，现在生活有了一些改观，就得帮助有困难的父老乡亲。"

每当提起国容容，村民都会竖起大拇指，交口称赞。她艰苦创业，钻研技术，靠勤劳脱贫致富；她富不忘本，授人以渔，帮助带动一方群众致富奔小康。她在村民心中竖起一面脱贫致富的带头旗。国容容是一个平凡的人，是千千万万勤劳善良的中国农民的普通一员，但她面对困难，不放弃，不妥协，勤奋刻苦，踏实前行，用双手和智慧实现了自己的人生价值。

（图文：山西省妇女联合会）

中国"驯鹿之乡"的民俗旅游致富人

记内蒙古自治区根河市敖鲁古雅鄂温克族乡布冬霞

中国最后一个狩猎部落——中国"驯鹿之乡"的鄂温克人，至今仍过着与驯鹿为伴的游猎生活。他们独特的民俗风情，使敖鲁古雅充满了古朴而神秘的色彩。随着当地交通和旅游业的迅速发展，大批中外游客纷纷来到敖鲁古雅旅游，希望可以近距离感受大自然赋予的原始生态文明和淳朴风土人情。根河市委市政府、敖乡党委政府抓住这个有利时机，大力倡导和帮助当地猎民从事旅游服务业，开建旅游产品商店，发展民族家庭旅游。

只有初中文化的布冬霞敏锐地捕捉到发展契机，她主动响应政府号召，积极了解发展旅游的相关政策措施，学习掌握了与旅游业相关的文明礼仪、宣传推广、经济效益等知识。2008年，为真正发挥敖鲁古雅鄂温克"中国最后狩猎部落"这一品牌优势，她率先开办了猎民点民俗家庭游。

布冬霞的旅游点距市区30公里，这里环境优美，是树的海洋，是天然"氧吧"。为了让更多的人了解敖鲁古雅民俗文化，吸引游客到敖乡参观旅游，她在网站上创建了"敖鲁古雅布冬霞旅游景点"网页，以大量优美的图片和翔实的文字资料，让远在世界各地的人们可以看到敖鲁古雅的美丽和独特。互联网的良好宣传效果，为布冬霞的旅游点吸引了大批游客，创办当年就实现经济收入2万余元。现在，游客每年都在持续增加，旅游旺季的时候，布冬霞一天最多要接待二三百位游客。

为了更好地为游客提供优质服务，让猎民点民俗游更上层楼，布冬霞积极参加各类旅游培训班、民俗知识讲座，并将学到的知识运用在民俗旅游接待中。游客来到她的猎民点，第一眼就会看到身着独特民族服饰的布冬霞，同时还会享受到她热情的招待。在这里你可以零距离接触驯鹿，了解原生态的敖鲁古雅人生活方式；可以购买纯正的鹿产品和独特的旅游纪念品；可以走进猎民的日常生活，和猎民住在一起，与他们一起跳起篝火舞；可以烤制鹿肉、列巴，品尝鹿奶、鹿肉干，和猎民学着制作传统的手工艺品；可以采撷红豆、蓝莓等30余种野果和野生蘑菇，去森林深处寻找神秘的驯鹿……

生意好了，自然忙了。虽然每天都很累，但颇丰的收入和充实的生活，让布冬霞觉得此前一切付出都是值得的。

其实，自初中毕业后，布冬霞就把自己的青春和爱心都奉献给了生她养她的热土和她亲爱的"朋友"——驯鹿。敖乡的驯鹿种群是中国唯一的驯鹿种群，目前有驯鹿1000多头。驯鹿要吃苔藓，只能在山林里生活，猎民们搬迁下山后，为了养鹿，保存了8个猎民点，布冬霞的猎民点就是其中之一。布冬霞把驯鹿当成自己孩子一样疼爱。她不喜欢夏天，因为夏天驯鹿会被蚊子叮咬得浑身是包,尤其是刚割过鹿茸的驯鹿,伤口被蚊子叮咬后极易感染溃烂。她的驯鹿也对她十分依赖和亲昵,只要布冬霞把手放在嘴边发出呼喊,驯鹿们便会伴着阵阵鹿铃声,不知从哪儿冒出来,簇拥到她的身边。

开办旅游点后,在当地政府和妇联扶持下,布冬霞和敖乡17名猎民设计、制作、出售具有文化性、纪念性、独特性的民族旅游纪念品。包含鄂温克民族元素的太阳花挂饰、民族服装、鹿皮小手套等,以鲜明的特色获得广大游客的喜爱,在传播了民族文化的同时,也将更多的收益带给了当地猎民。

在自己创业致富的同时,布冬霞不忘猎民乡亲,积极传授旅游致富经验。在她的带动下,先后有3个猎民点、20多名猎民在民俗旅游中得了实惠。她还带领猎民培育和发展具有民族特

色的旅游、餐饮、服务、文化等系列品牌商标，扶持当地贫困人口发展庭院式经济，在驯鹿产品、森林观光、模拟狩猎、民族风味餐饮、别墅式游客服务中心等方面作出了新的贡献。

从事旅游经营多年，布冬霞始终坚守"诚信待人，热情服务"的原则，渐渐为自己创出了一块金字招牌。2010年，布冬霞被呼伦贝尔市评为"优秀家庭旅游先进个人"。2012年，中央电视台《生财有道》栏目对布冬霞进行了专访，也将她的致富经验传达给了更多的人。

对未来，布冬霞还有许多的规划和憧憬。她说要用自己的勤劳、汗水和努力，为敖鲁古雅鄂温克民族文化、旅游更蓬勃地发展作出自己最大的贡献。

（图文：内蒙古自治区妇女联合会）

摄影：孙力

残疾女孩的"村淘"致富梦

记黑龙江省延寿县延河镇福山村王雪

"积极引领全县农村广大青年创业者，立足县域良好生态优势，依托现有产业提质增效，努力探索农村电商发展新模式，把最大利益留给乡亲，在发展电商扶贫的道路上实现自我人生价值！"2017年1月，在延寿县召开的脱贫攻坚工作推进会上，作为全县唯一一个农村电商创业脱贫典型代表，王雪的发言不时赢得台下听众阵阵掌声。

不到30岁的王雪，出身于延河镇福山村一个贫苦农民家庭，全家人仅靠着十多亩耕地和外出打工来维持生计。父母整天日出而作、日落而息，紧衣缩食、含辛茹苦地供她读完大学。然而，以优异成绩大学毕业的王雪，求职时却因天生肢体残疾而多次碰壁。2016年年初，延寿县妇联在开展"巾帼脱贫行动"活动时，了解到王雪家庭的实际情况后，主动与她联系，鼓励其返乡创业。在县妇联的扶持下，王雪经过层层面试考核，终于与阿里巴巴集团正式签约，成为一名"村淘"合伙人。

"一开始阻力很大，家人、亲戚、朋友没有一个人看好的。"王雪说。农村淘宝是新生事物，前景未明，而且还要投入一定的资金，这笔资金对于王雪来说，也不是个小数目。面对多方面的压力，执着于自主创业的王雪有着清晰的思路。"农村淘宝服务站有国家电商政策支持，是阿里巴巴集团重点推广的产品，而且县里还会给予扶持和帮助，为'村淘'创业者提供免费的经营场所和电脑、柜台等一系列设施，同时还成立专门的服务团队，为创业者们提供政策解答及职业培训。"

辛酸和收获共存，挫折和成长并行。2016年3月30日，福山村农村淘宝服务站正式挂牌营业。为了打开局面，王雪亲自到村民家里走访介绍宣传"村淘"，不到一周的时间里，服务站交易额就突破了10万元。"村淘"服务站运营中，王雪尽力为村民提供便利，在"双十一"、年货节等一些重要的促销节点上，提前做足功课，把一些村民常需物品分门别类登记，减少

村民选购时间。根据村民的作息习惯,她几乎每天晚上都会工作到半夜,以不断满足村民的购物需求。

村民们需要代购的商品,大到汽车、小到针头线脑,她都能热心、细心、耐心地对待。同时,她还积极为百姓解决实际困难:她会帮助外出打工的村民购买火车票,教村民们使用智能手机,为上学的孩子联系接送车辆……年逾古稀的辛大娘说:"小雪帮我买的东西,我都特别满意,现在,我不管有什么事都找她!"如今,只要王雪出现在村淘服务站,站里就一定聚满了人,乡亲们边拉家常,边选购自己中意的网上商品。

2017年春耕,王雪自己垫资,通过"村淘"储备了一大批生产物资。"村民普遍习惯现用现买,希望随时都能在这里买到急需的生活用品。"40多平方米的服务站被划分成了政务代办、公共信息服务、商品交易服务等多个功能区,地上和货架

上都摆满了商品,从米面粮油、烟酒茶糖到衣帽鞋袜、针头线脑,一应俱全。

王雪介绍说,"村淘"最方便的一点就是能送货入村。为了能及时帮村民送货,王雪买了一辆电动车,每天奔波于各个村屯之间,最远的村屯有20多里路,她经常晚上8点多钟才能回到家里休息。雪天一脸霜、晴天一身土、雨天一脚泥,成了王雪的工作常态。2016年"双十一",王雪凭借自己的经验,在24小时之内就实现交易额5万多元。如今,阿里年货节、年中大促、阿里年夜饭、春耕节……一个又一个活动,带动的不仅仅是消费,更有农村村民生活消费观念的转变。

为了丰富村民业余文化生活,王雪还自费组织村民参加阿里巴巴广场舞大赛,举办年度回馈村民抽奖活动等。王雪说:"虽然工作量大,但是能够服务村民,我也很开心。""王雪

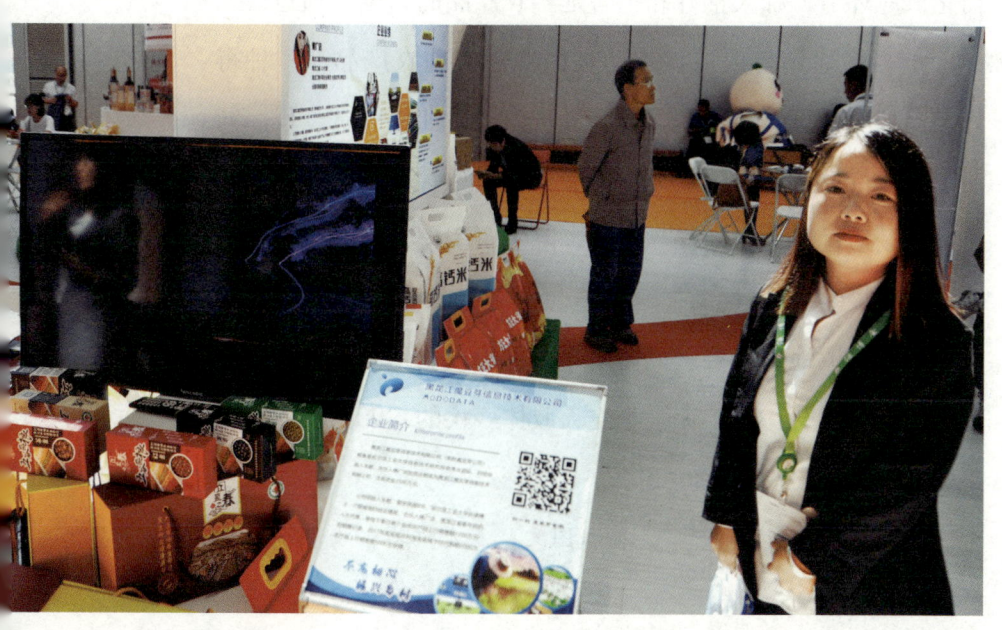

这孩子非常勤奋，既懂事又能吃苦，只要村民有订单，无论路有多远都能及时送货上门。"村党支部书记冀宝泉说。王雪还向组织递交了入党申请书。

一分耕耘，一分收获。创业一年，王雪所经营的"村淘"服务站订单数超过7500单，累计销售额46万元，年纯收入2.4万多元。王雪从一个建档立卡的贫困户变身为"村小二"，再成为名副其实的万元户，还获得阿里巴巴春耕节优秀先锋、延寿县脱贫致富典型等多项荣誉。淘宝带给王雪的不仅仅是财富，更是一步步坚持中体会到的自我成长和自我价值的实现。

"现在村子里还有很多贫困户，我一直在想如何才能让他们的生活好起来！"荣誉和成绩更让王雪明白了自己肩上的责任。在谈到未来发展时，王雪说，她准备依托网络平台和物流优势，帮助贫困群众准确、实时捕捉各地市场动态信息，同时简化供应环节，加大推介和销售延寿农产品的力度，通过线上线下结合畅通销售渠道，带动贫困群众实现农产品从"种得好"向"卖得好"的转变，提升经济效益，加快脱贫步伐。同时，她会继续为贫困群众无偿开展代购服务，让贫困群众从网络上买到质优价廉的商品和服务，降低贫困群众生产生活消费成本。

脚踏实地地干，持之以恒地走，不畏艰辛地闯，现实终被梦想照亮！农村淘宝，让一个先天肢体残疾的"90后"女大学生圆了她的创业致富梦。

（图文：黑龙江省妇女联合会）

巾帼脱贫靠智慧　致富路上展英姿

记江苏省徐州市丰县欢口镇李庄村赵小凤

江苏省徐州市丰县欢口镇李庄村的赵小凤，是一名娃娃鱼养殖户，也是村里的妇代会主任。她不但具有中国传统妇女朴素和勤劳的美德，更具有新时期农村妇女的精明能干和开拓进取的精神。在发展经济、脱贫致富的道路上，她敢想、敢干、敢拼，在当地妇女群众中起到了模范带头作用，不仅自己脱贫致富，还带动本村和周边村镇的姐妹们共同走上了致富道路。

赵小凤是一个事业心很强的女人，自从担任村妇代会主任以来，怎么使老百姓尽快富起来，怎样帮助村里不能外出务工的姐妹们找到一条致富之路，成了赵小凤的心事。但她也始终记得自己的家庭责任，在做好工作的同时，精心、细心、耐心地呵护家庭，为老人、为丈夫、为孩子默默付出。她的付出，也得到了很好的回报，家人都支持她的工作，不断地鼓励她。

结合当地实际，赵小凤先后带领村里20多户村民建起温室大棚，种起了西红柿；带领乡亲们建起20个黑木耳大棚，多次到苏州跑市场，帮助大家解决销路问题，给村民带来很好的经济效益。一次偶然的机会，赵小凤在网络上看到陕西、贵州等地养殖娃娃鱼效益很好，特种养殖让她眼前一亮。但因为缺少资金，她有些打退堂鼓。县妇联了解到她的情况，为她送上技术学习资料，并为她提供2万元妇女创业基金和10万元妇女小额贴息贷款，帮助她建成新型科学化、规范化特种养殖基地10亩，室外养殖池700平方米，室内养殖池600平方米，成立了丰源特种水产养殖专业合作社，开始了"公司+合作社+农户"的新型养殖模式。合作社吸收了85户农民入社，解决了部分农村剩余劳动力就业问题。合作社的娃娃鱼养殖，实行"统一优良品种，统一投入供应，统一管理，统一收获"，水产品储运均按照"集装运输，抵达质检"的规程办理，很快打开了市场。县委县政府对赵小凤的养殖产业也给予了大力支持，提供扶持

资金15万元，还经常安排水产局技术人员上门指导。如今，合作社的养殖面积不断扩大，已达30亩，养殖品种又增加了甲鱼，养殖数量共计2万尾，年收入达60多万元。养殖获益后，赵小凤又承包了100亩土地种植大蒜、洋葱、土豆，在自己增收的同时，给230名家庭贫困姐妹提供了就业增收机会，每人每年增收1万多元。

在精准扶贫工作中，赵小凤总是想方设法让贫困妇女脱贫致富。她带头并带领姐妹们参加各类技能培训班，学习电商、加工、餐饮、家政等不同类型的创业培训。掌握了实用技术后，她又帮助联系务工单位，既鼓励了妇女就业创业的热情，又取得了脱贫致富的实效。本村的胡绍兰在赵小凤的支持和帮助下，注册了徐州经纬工艺品有限公司，一心做大做强汽车坐垫编织事业，先后组织本村和周边农村经济困难的妇女参加手工编织培训，年培训300多人，带动了500余名妇女利用农闲或者晚间进行编织，在家就业创业，年均每人增收近2万元。

几年来，赵小凤不但带领群众发家致富，做农村妇女姐妹的"知心人""连心桥"，还经常组织本村的热心姐妹照顾村里的孤寡老人，哪家有困难共同帮助，村里修路、挖渠、建校等，她每次都带头捐款捐物。她积极参加妇联号召的向日葵关爱行动，现在是董欣欣、常沐阳、高淼三个孩子的代理妈妈，在物质和精神上给予他们帮助和关心。赵小凤还经常给适婚青年讲解婚检的政策和重要性，配合卫生所、医院工作，发动全村已婚育龄妇女进行健康检查。

功夫不负有心人，赵小凤所做出的努力获得了大家的称

赞，村民对她非常认可。她也先后获得徐州市"双学双比"先进个人、县十佳"双带型"村妇代会主任、县首届十佳农业产业化带头人等多项荣誉。"作为一名基层的县人大代表，我觉得身上的担子很重，看到姐妹们的收入年年增加，生活水平也有了明显的改善，我心里感到十分高兴！"一句朴素真切的话语，正是她心灵深处的真实写照！

（图文：江苏省妇女联合会）

脱贫致富的"领头羊"

记安徽省庐江县龙桥镇高山村房呈霞

没有资金,没有技术,没有经验,什么都没有,贫困户该如何摘下贫困帽?安徽省庐江县龙桥镇高山村黄坎村民组村民房呈霞,就是一个从无到有,通过自身奋斗努力成功脱贫,还带动群众一起共走致富路的鲜活例子。

房呈霞和丈夫汪峰在江苏常熟服装厂打工认识,并结为连理。婚后多年没有孩子,他们跑了许多家医院,最后决定做试管婴儿,几乎花掉了所有的积蓄,加上公婆生病,本来就不怎么富裕的家庭一下子跌入了贫困户行列。2015年,房呈霞一家被识别为贫困户,县妇联、农委扶贫工作组带领贫困户考察学习,还多次到她家看望鼓励,结合她家地处山区的优势,为房呈霞一家制订了养殖湖羊脱贫的方案。

房呈霞属羊,老家在山东济宁农村,小时候经常帮外婆放羊,对羊有天生的好感。2015年,羊肉市场火爆,于是她想赶紧把湖羊养殖搞起来。她也知道,不能只是等着政府救助,关键要自己行动起来。她从村里流转了几亩荒山坡地,东挪西借凑了10万元,盖了一个简易羊棚,花7万元购进了40只母羊、2

只公羊,正式扎根荒山创业。"养羊的地方空气要好,水流要干净,这样羊才不会生病,而且羊肉品质还好。"闲暇时,房呈霞还去参加养殖培训班,学习养殖技术。她订阅了许多养殖方面的报纸杂志,并经常上网查看最新的养殖动态和市场行情。

辛勤的劳作,终于得到了回报。当年冬天,第一批40只小羊出生了,夫妻俩高兴得合不拢嘴,干脆把床铺搬到羊圈里住下。可是刚出生的小羊因为气候寒冷叫个不停,房呈霞赶紧购置了取暖灯给小羊取暖,小羊才终于安静地依偎在羊妈妈的怀里吃奶。一波未平,一波又起。有一天,房呈霞发现了许多羊感染了口疮,而且传播速度很快,几天工夫就有30多只羊感染了,最可怕的是还因病死了好几只羊羔。房呈霞马上向县畜牧医局的技术员唐中杰求教,按照他的方法进行防治,终于控制住了病情。

"现在党的政策好,政府帮扶救济了不少,养羊种田都补助了我们不少资金,各级干部、第一书记经常上门看望鼓励,打电话询问情况,尽心尽力地为我们解决遇到的困难和问题。"到2016年春节,房呈霞一家售出了40对种羊,收入6万多元,宰杀了100只成年羊,每只羊能卖1000元。两笔收入加在一起,产值达16万元,她家还清了所有债务,顺利脱贫。家里还在镇上购置了新房,购买了沙发、音响、冰柜等生活用品。

方圆几十里,房呈霞家的羊肉成了抢手货。"每天宰羊,只要在微信圈里一发,立马被订购一空。因为我的羊都是生态养殖的,吃的都是绿色无污染的饲料,肉非常鲜香。去年冬天,我把自家养的成年羊宰杀后,拿到镇里市场上销售,因为羊吃的是绿色饲料,肉质细嫩,适口性好,我卖的价格比其他羊肉贵,还供不应求!"房呈霞高兴地说道,"一人不成众,独木不成林。现在致富了,我也不能忘记大家。"致富后的房呈霞认为,要想做大规模形成气候,就必须广泛发动群众养羊脱贫。县里各级组织送来20多万元的扶贫资金,帮助房呈霞建起了一个标准化的养殖大棚,成立了养羊合作社,带动周边贫困户共同致富。2016年年底,她与40多家农户结对,帮助他们发展养殖业,免费提供种羊,免费做技术指导,还承诺回收产品。"你们致富了,卖了羊之后,再归还我的种羊钱。如果亏了就算我的。"为节约资金,她建议大家采取"滚雪球"的方法,逐步扩大养殖规模。

贫困户夏明华家的3只小羊在野外吃草时被毒蛇咬了，半夜出现了抽搐现象，他急忙打电话给房呈霞。房呈霞和丈夫火速赶到，给小羊开刀放血并灌解毒药水，经过3个小时的忙碌，才把小羊抢救过来。"对于贫困户，这些羊就是他们的命根子，保住了羊，就是保住了他们致富的希望。"

湖羊肉脂较大，市面上多用来涮火锅或烤制食用，价格较高。这种羊的羊毛也可以卖钱。"一年剪两回，一头成年羊，一年能剪出羊毛10斤左右，市场价最高能卖到每斤30元。""因为是放养，他们的羊产仔率非常高。照这样的速度，这40户年底脱贫是铁定的啦！"房呈霞高兴地说。

传统养羊场往往是"脏乱差"，但房呈霞的养殖场实行了生态养殖，打造循环经济产业链，不闻羊粪臭，但闻青草香。

在生态养殖基地周边，房呈霞种了绿色植物。"这些都是羊爱吃的中草药，我们从中提取有益成分，制成微生物饲料等，添加到生态羊吃的食粮和饮水中。这些物质能改善肠胃微生态平衡，有助于增强抵抗力和提高饲料转化率。"房呈霞说。

过去附近村里的秸秆都是一把火烧了省事，如今禁烧，房呈霞的养殖场成了消纳这些秸秆的好地方，农户一亩田靠出售秸秆还能多收入100多元。"羊就是村里的垃圾清理工，山芋蔓啊、花生壳啊、玉米秸秆啊，羊都喜欢吃，羊的粪便更是天然绿色肥料，不用再去买化肥了。经过处理的污水成了有机肥，再也舍不得卖了。另外，我还承包了十多亩农田，发展家庭农场，直接将处理后的粪水浇灌还田。"房呈霞算了一笔账，用农家肥每亩一年可以节约化肥钱150元，每亩水稻增产10%，亩均增收200元左右。

种养的循环利用，降低了成本，提高了综合效益。房呈霞心里明白一个道理：只有绿色生态的发展，未来的财富才会源源不断。她打算在3年内将山场种植规模扩大到100亩以上，同时引进更多优良母羊改良品种，扩大养殖规模；在山场修建有规模的农家乐，实现生态农业、观光旅游业一体的经营方式，努力让更多村民实现在家门口打工致富的梦想。

（图文：安徽省妇女联合会）

勤劳敲开幸福门 巾帼减贫脱贫故事

年轻不服输　脱贫靠自立

记福建省明溪县盖洋镇温庄村杨春晓

在明溪县盖洋镇，有一个年轻的"80后"姑娘。她不畏困苦的生活，靠自己的双手与命运搏斗，用柔弱的双肩和丈夫一起扛起欠下高额债务的家，从一个国定标准的建档立卡贫困户，成为村里致富能手，带动身边的贫困户一起摆脱贫困。她就是明溪县盖洋镇的杨春晓。

初中毕业的杨春晓，不忍心父母为了弟妹读书和家人生计日夜在田间操劳，担起长姐的责任，与几个同村的姐妹到厦门打工。忙碌的日子中，她认识了同样为生计奔波的三明小伙子李世雄。同样的家境，同样的命运，让两颗年轻的心逐渐走到了一起。

2010年2月，杨春晓与李世雄结婚后，随丈夫回到家乡盖洋镇温庄村。从城市回到小村庄，杨春晓并没有抱怨，而是心中充满希望。同年10月，女儿降生，整个家热闹起来。杨春晓一边照顾女儿，一边照顾体弱多病的婆婆，还要时常帮助丈夫管理田地。一家人虽苦，但也和和美美。可是天有不测风云，2012年，杨春晓的婆婆被查出患有肺癌，为了给婆婆看病，一

家人四处借钱。病魔无情,婆婆最终救治无效离世,这个贫穷的家庭也因此雪上加霜,欠下近10万元外债。

面对欠下的高额外债和年幼的女儿,看着家里的一亩三分地,杨春晓感觉自己要撑不下去了。就靠这么点儿地,怎么还得起钱?别人的女儿都有漂亮衣服和玩具,自己女儿却只能住在一个摇摇欲坠的危房里……

2014年,温庄村妇代会在了解到杨春晓家庭情况后,将其报送到村委及镇政府,通过村民代表评议,她家被列入国定标准的建档立卡贫困户。县乡村干部、村妇代会纷纷向她伸出援手,但骨子里不服输的杨春晓意识到,要脱贫必须靠自己。

看着身边姐妹家种植烟叶收益不错，而且既能照顾孩子和家庭，又能年内看到收益，于是，她与丈夫商量着先试种了6亩。没有烤房，村妇代会就帮她联系寄烤。到烟叶卖完，除去成本一算，净赚了1.5万元。杨春晓因此信心大增，谋划着要尽快还完外债，脱离贫困队伍。

2015年7月，儿子出生了，一家人欣喜之后又开始隐隐担忧，家里多了一口人，开销更大了，而欠的债还没还完。杨春晓与丈夫认真分析了现实情况，认为仅仅靠种烟和水稻只能糊口，而父亲年迈、儿女还小，外出打工显然不实际。杨春晓想到丈夫曾少量试养过珍珠鸡。珍珠鸡原产非洲几内亚，肉嫩味鲜，高蛋白，低脂肪，具有野鸡风味，养殖半年就可出栏。珍珠鸡养殖可谓风险低效益快，她便与村妇代会说了自己的想法。在得到鼓励和支持的同时，还给她指了一个领路人——具有丰富经验的养殖户郑德宝。8月，在拿到政府扶持专项资金5000元后，杨春晓立即从莆田购进150只鸡苗，在县扶贫协会牵头下，与丈夫专程到郑德宝那里学习如何大规模养鸡。

夫妻俩又种烟又养鸡，还要照顾老人和孩子，忙得不可开交。村妇代会常常组织妇女姐妹去杨春晓家的田里帮忙，好让春晓能有更多时间照顾家里。为保证鸡苗成活率，丈夫搬回老屋，日夜泡在鸡场，小心翼翼地照顾着鸡宝宝，时常一星期回不了家。春晓一句怨言都没有，默默地支持着丈夫，管好家里的事。半年后，这批珍珠鸡出栏了，小两口信心满满地拿到街上卖，一只80元，结果无人问津。夫妻俩赶忙找村两委、村妇代会帮忙。村两委联系了县扶贫协会，在县电视台上做宣传；

村妇代会发动身边的姐妹购买,并在自己的微信朋友圈帮忙宣传。一传十、十传百,结果真帮上了忙,珍珠鸡因此供不应求。算算成本,这次净赚6000元!夫妻俩一下子信心大增,当年又先后购进5批鸡苗共八九百只,实现纯收入2万元。

后来,在县扶贫协会的帮助下,珍珠鸡的销路问题彻底解决了,夫妻俩放下心来,一心搞好养殖。随着养殖规模的扩

大,养殖风险也在增加。杨春晓与丈夫商量,多养殖几个品种,收入更有保障,抗风险能力也能增强。经过考察,夫妻二人除了养殖珍珠鸡,还试养了乌鸡200只,贵妃鸡150只,绿头野鸭180只,火鸡11只。为了扩大规模,夫妻俩先后贷了7万元扶贫小额信贷资金。通过二人努力,养殖赚的钱慢慢还掉了欠下的外债,夫妻俩越做越开心。

日子越来越红火,杨春晓一家欢声笑语不断。小夫妻准备将围栏扩大到2000平方米,再买一辆二手四轮车,运东西、卖东西方便,还不怕风吹日晒。杨春晓向乡镇申请了建档立卡贫困户易地搬迁造福工程,政府给贫困户每人补贴2.5万元,杨春晓家能分到75平方米的安置房一套,基本不需要多花太多钱,梦想的新房子就能住上了。

脱贫后的小两口,四处热心传授养殖经验做法,主动帮助那些还没有脱贫的贫困户。听说现在当月嫂工资很高,杨春晓积极报名参加县妇联组织的家政培训班,拿到了家政资格证,还四处动员其他贫困户姑娘报名学习。"等孩子再大些,有了这本证,我又能出去找份工作,这'鸡司令'就让丈夫当着吧!"杨春晓说,"人生的路不能让自己停下来,有这么好的机会,一定要去学习,不仅可以多认识些人,宣传宣传自己家的鸡,还可以听听别人的想法,增长增长见识。"

(图文:福建省妇女联合会)

致富不忘乡亲　真情回报桑梓

记江西省余江县杨溪乡江背水口何家村张单英

1974年1月，张单英出生在余江县杨溪乡新危下南山张家村。她从小家境贫寒，12岁又遭遇父母离异，兄弟姐妹4人只能和78岁的奶奶相依为命。作为家中的长女，张单英只能早早辍学，挑起家庭的重担。1991年，张单英嫁到同乡的江背水口何家村，由于公公长年患病，家里一贫如洗，生活仍然没有得到改观。

面对困境，张单英不甘心，一心想用自己的双手去改变生活现状。为摆脱贫困，1991年，张单英夫妻从亲戚朋友处借了100元，去福建石狮打工。到了石狮，身上的钱已所剩无几了。二人进了一家服装厂当起了流水工。虽然月工资有二三百元，在当时还算不错的收入，但他俩不满现状，一边坚持上班，一边挤出空闲时间学习裁剪技术。夫妻二人勤奋钻研，终于练就了过硬的技术本领，加上能吃苦耐劳，因而得到老板赏识。1993年，张单英被提拔为公司生产主管，丈夫被提拔为裁剪主管，月工资也涨到了两三千元。

为了更好地提高自己，1999年，夫妻二人跳槽到一家服饰有限公司，这家公司专门生产名牌出口服饰，技术水平要求很高。老板看重两个人的才华，同意他们在公司名下组建一个分厂，老板负责销售，按比例分成。张单英夫妇就在家乡办起了服装分厂，一个管生产，一个抓技术，生意红红火火，开启了创业的新征程。可惜只做了两年，公司遭遇全球经济危机，服装行业不景气，不得不将分厂撤回总公司。

在家乡办厂的两年里，张单英致富不忘乡亲父老，深得大家信任。2011年村委会换届选举中，张单英被推选为江背水口何家村妇女主任。为了不负重托，张单英让丈夫一人返回总公司，自己留下来当起全村妇女的领头人。

由于村里人大多进城或外出务工，留在家里的多是老人、妇女，劳动力不强，水稻产量不高，劳动成本大，大量农田抛荒。张单英看在眼里，急在心头。县妇联适时组织张单英参加了华东地区女经纪人培训班，通过这个平台，张单英近距离地和华东知名致富能手交流心得，萌生了"立足土地，发展农业种植业"的创业思路。说干就干，2013年5月，张单英拿出多年的积蓄，注册成立了余江富昌水稻种植专业合作社，以签订土地流转承租合同、组建合作社的方式，先后与杨溪、潢溪、坞桥农民签订土地1225亩、荒山500亩承包合同，承包期5～15

年。合作社当年就实现了150多名农村留守劳动力就业,每人每月增收1500余元。随后,张单英又成立了余江县兴昌家禽养殖场、余江县兴昌水稻种植家庭农场、余江县育富农机专业社。农民的土地承包经营权通过土地流转的方式进入股份合作社变成股权,农民变成了名副其实的股东,不仅能获得劳动权益,还能享受年底分红。如今,在张单英的大田里,除了常规稻,还栽种优良稻种和几十种中药材。

自家富裕了,张单英不忘回报乡里,一心想着怎么做些公益。她投资11万元修建了村道;自掏腰包购置音响等活动器材,组建"巾帼舞蹈队",丰富村里业余文化生活;创办"余江县富昌儿童快乐家园",为当地留守儿童提供切实有效的帮助。

"宝剑锋从磨砺出,梅花香自苦寒来。"张单英的付出得到了社会各界的肯定,荣誉也纷至沓来。2013年,她获得"全

国农产品经纪人"、江西省"平安家庭"示范户,当选为江西省第十一届妇代会代表主席团成员;2014年被评为江西省"三八红旗手",当选余江县政协委员;2015年被评为"全国三八红旗手""江西省劳模",当选为鹰潭市工商联执委;2016年当选为鹰潭市第九届人大代表、余江县党代表。

  面对荣誉,朴实的张单英颇感压力,她说,只有尽己所能反哺家乡、回馈乡亲,帮助更多的村民,才能不负百姓的信赖和厚爱。

(图文:江西省妇女联合会)

缝纫机缝出的好日子

记山东省夏津县雷集镇马官屯村李金美

李金美是夏津县雷集镇马官屯村一个极其普通的农村妇女,因为家境贫寒,她十几岁时就离开了家乡外出打工。她换过各种工作,干得最长的是在胶东的一家服装厂当缝纫工人。多年缝纫工的经历,让她不仅练就了一手老练的机械缝纫机操作本领,也让她掌握了缝纫机的维修技术。不管是国产的还是进口的缝纫机,到她手里,个个手到"病"除。

2015年春节,28岁的李金美考虑到年近70岁的父母和两个年幼的儿子需要照顾,她和丈夫决定不再外出打工,而是依靠李金美的缝纫技术,在家开办一个缝纫作坊,专门替人加工工艺礼品纱袋。说干就干,李金美和丈夫把家里的钱全凑起来,买了20台缝纫机安装在家里最宽敞的堂屋,一个家庭来料加工缝纫作坊就开始运营了。

村里的人开始都不太相信李金美,觉得一个穷孩子出身的小媳妇做不成什么大事,对加工一个纱袋只挣一两分钱的活儿也不是很感兴趣。李金美就一家一家做工作,还把缝纫机无偿分发到每家每户,让她们在家里就可以生产,机器出了任何问题，李金美都是随叫随到，随时解决问题。对村里几名身体状况特殊、家境特别困难的人员，她还给予特别照顾。李金美的执着感动了村民，生产很快就走上了正轨，一些开始瞧不上这个活计的村民也要求跟着李金美干。

　　缝制工艺纱袋技术相对简单，农村妇女基本上一学就会。村里从二十多岁的姑娘媳妇到六十多岁的阿姨婆婆，纷纷加入了劳动队伍，20台缝纫机很快就不够用了，每天几十个人要排班轮流上机。

　　李金美虽然没有多少文化，但她有自己做事的原则。她很重视诚信，只要自己承诺的工期、质量，一点儿都不含糊，说到做到。有段时间来料加工行业形势比较严峻，但她的加工点却订单充足，业务稳定，而且产品销路也很好。生意越干越

好,2015年5月,李金美萌生了扩大生产规模的想法。"这个活儿简单易学好上手,只要我把好质量关,就能帮助更多的乡亲脱贫。"可马官屯村是省级贫困村,全村310户,贫困户就有235户,扩大生产的资金从哪儿来?有想法却没办法的李金美一筹莫展。

2016年5月,县妇联了解到李金美的困难和需求,及时帮助她协调省派第一书记,争取到扶贫资金3万元,添置缝纫机20台,带动60多人增收。同年10月,县妇联带领李金美赴义乌参加全国妇联举办的妇女创业就业展示展洽活动,并实地考察对接手工加工扶贫项目。通过这次活动,县妇联帮助她对接到赛纳斯、秀珍工艺品两家工艺品公司,拓展了来料加工业务。妇联又发动肖庄、郎庄、后魏寨等周边村的妇代会主任,帮助组

摄影:李勇

织妇女参加李金美的缝纫活儿和手工活儿培训。

随着工人的不断增多，李金美想再上一批缝纫机，进一步扩大规模。针对李金美的实际需求，县妇联帮助李金美联系了烟台一家即将转型的服装厂。工厂老板得知李金美一直在为推动妇女脱贫努力，非常感动，向李金美无偿捐赠了19台缝纫机，解决了李金美的燃眉之急。

为了让妇女们没有后顾之忧，李金美一直坚持工资日结。全村有120多人参与到这项劳动中，每天生产2万多只工艺品纱袋，村民的收入明显增加。马官屯村30多名建档立卡的妇女脱了贫，贫困户降到24户。

两年的时间，李金美的加工点不仅带动本村和周边村近200名妇女实现居家就业，还吸纳了65名缝纫工，招纳130多名妇女干穿绳、翻袋的活儿。现在，村里一些腿脚不便的老年人甚至一些男人，也开始从事纱袋加工工作，翻袋、穿线等都是他们能胜任的活计。缝纫工月收入1500元左右，穿绳、翻袋等平均月收入600元左右，而工人大多为60岁以上老弱病残妇女。

2016年10月23日，山东《大众日报》报道了李金美的缝纫加工点在推动妇女脱贫方面的成功做法和经验成效，也将李金美的脱贫致富故事传遍了齐鲁大地。

（图文：山东省妇女联合会）

黑暗中　她迎来想要的幸福

记河南省鲁山县下汤镇乱石盘村郑玉荣

家住鲁山县下汤镇乱石盘村的郑玉荣和丈夫冯国营都是先天性双目失明，日常生活全靠冯国营的哥哥照料。全家4口人住着3间土坯房，生活极度困苦。

由于双目失明，郑玉荣从小就被亲生父母抛弃。善良的养母收养了她并告诉她："人要活好一定要靠自己，所以你要学会一门生存的本领，眼睛看不见，不能再让心也失明了。"眼睛看不见，听力、模仿力却很好，于是郑玉荣就下定决心做一个说书人。

她跟着磁带反复听练评书，不到一年时间，学会了近百段评书，从此她说书卖艺自力更生。8岁那年，郑玉荣的养母不幸去世，无人照顾的她白天卖艺乞讨，晚上露宿街头，在外漂泊了七八年。

2003年9月，漂泊到郑州的郑玉荣遇到了同在卖艺的冯国营。路人看到两个盲人各具特色的演出，建议他们合作试试，没想到第一次合作演出就赢得了一片掌声。就这样他们相识了，从此相依为命，互相扶持。在搭伴演出的日子里，二人的感情得到了升华。2004年，郑玉荣和冯国营喜结连理，开启了新的人生。

婚后，郑玉荣相继生下了一儿一女，虽然他们很努力，但双目失明在生活中有很多不便，他们的行动受到很大束缚，一双儿女还要上学，生活特别贫困。下汤镇政府帮郑玉荣办理了农村低保，使一家人的生活有了基本保障。2015年，郑玉荣一家被确定为建档立卡的贫困户。随着儿女渐渐长大，各项费用都在增加，郑玉荣夫妇不想只靠政府低保过日子，决心找个适合自家发展经济的项目，实现真正脱贫。

常人创业难，盲人创业更难。夫妻二人通过了解市场，询问国家政策，结合自身条件，想发展养猪项目。但家里穷，资金不足；夫妻二人都看不见，做啥都困难；二人都不懂科学养殖。一时间，夫妻俩进退两难。2016年4月，正当他们作难时，县委书记杨英锋同志到他们村扶贫调研，了解到郑玉荣家的情况，对这对身残志坚的夫妻给予了肯定，并立即召开现场会议，讨论她家目前面临的各种问题，制订出了有效的解决方案。在各级政府和党员干部的帮助下，依靠国家无息贷款3万元和4000元的扶贫资金，郑玉荣家的猪厂顺利建成了。县扶贫办

还组织他们参加了养殖专业培训，学习科学养殖知识。

　　猪场建成后，夫妻二人根据各自特点，分工合作。丈夫冯国营感知能力强，承担着日常喂猪的主要任务，妻子郑玉荣则协助丈夫给猪送料、送水，还承担着家中做饭、洗衣等家务活儿。郑玉荣脑子灵活，会使用智能手机，饲养中遇到问题都靠她上网查找解决办法。夫妻协同合作，把养猪场办得有模有样。

　　由于看不见，他们夫妻遇到很多常人看来不是问题的困难。

　　在喂猪过程中，他们不止一次摔倒和磕碰，也曾被猪撞倒和咬伤，最严重的一次，丈夫冯国营的手指差点儿被咬断。丈夫受伤，郑玉荣痛在心里。养猪在农村家庭是那么普通的一件事，可对于看不见的夫妻俩来说是那么艰难。郑玉荣也曾想放弃，可她最终却坚持了下来。她说："我不能辜负党和政府给我的支持，不能辜负帮助我脱贫的干部，我坚信天无绝人之路，正常人能干成的事，我们残疾人也一定能够干成。人生只有拼出来的精彩，没有等出来的辉煌。我要自立，我要自强，我一定要靠自己的双手，早日脱贫，活出残疾人的风采，给残疾人当好榜样。"

　　就是靠着这种毅力和坚持，2016年，郑玉荣家成功圈养生猪50头，年底全部出栏，收入2万多元。对她这个特困家庭来说，这可是一笔不小的收入。这一年，郑玉荣家成了鲁山县第一个残疾家庭脱贫户，被县扶贫办评为立志脱贫典型户。郑玉荣激动地说："我一个盲人，党和政府对我不放弃，不抛弃，还帮我解脱多年的生活困苦，我心中万分感激。这只是我的第一步，我不仅要脱贫，还要带动更多的残疾人脱贫。下一步我们全家要共同努力，一起奔向小康，带动帮助更多残疾人走向致富的道路。"

2017年年初，郑玉荣用养猪和卖艺挣来的钱提前还清了政府的扶贫贷款。她从心里认为，是党和政府给她扶贫贷款并帮她迈出了创业的第一步，是扶贫好政策让她家实现真正的脱贫，自己脱贫了，她要及时把钱还给党和政府，让这些钱可以帮助更多的人早日脱贫。

2017年正月，郑玉荣和丈夫在演出时，被河南省广播电台发现后，专门免费为他们夫妻录制了光盘。夫妻二人赖以为生、苦心钻研多年的说书艺术，终于有了更广阔的展示舞台。郑玉荣觉得，苦难的日子已经过去，现在，她家里充满着温馨、爱和欢笑。大哥冯国升默默无语，倾心守护；夫妻俩互敬互爱，携手努力；两个孩子聪明乖巧，体贴懂事；一家人互帮互助，相亲相爱。郑玉荣觉得，这些就是她想要的幸福。

(图文：河南省妇女联合会)

一株盛开在摆脱贫困路上的红莲

记湖北省赤壁市黄盖湖镇大湾村夏翠红

夏翠红是赤壁市黄盖湖镇大湾村村民。前些年,夏翠红家并不贫困,现在党的政策那么好,夫妻俩好脚好手好身体,勤劳勤奋勤俭持家,生活算不上富裕,但也可以说是吃喝不愁。但是,2000年元旦,夏翠红的丈夫骑摩托车时出了车祸,头部多处骨折,住院治疗花光了积蓄,家里还失去了最重要的劳动力。加上公公患有高血压、风湿,婆婆患有糖尿病,常年吃药、住院……夏翠红家因病返贫,不得不戴上了"贫困户"的帽子。

两位老人体弱多病,丈夫因病在床,一双儿女还未成年,全家的重担就落在了夏翠红一个人肩上。那一年,女儿高中未毕业就外出务工,儿子应征入伍。她自己则带着丈夫四处奔波,一边治病一边打工赚钱。在外几年,虽然有了一些收入,但夏翠红并没有多少积蓄。经过认真思考,等丈夫病情康复后,她决定回到家乡,撸起袖子大干一场。

以前,夏翠红两口子传统种田,小本经营,小打小闹,经营得再好,也只是个温饱。2016年,精准扶贫工作队来到她家了解情况后，利用政策扶持，建议他们利用自己70多亩的田地进行稻虾套养。通过认真考察，夏翠红一家开始尝试在自己承包的30亩水田里进行虾莲套养，在养殖龙虾的同时，种植湘莲。他们还到茶庵岭镇承包了150亩无人耕种的抛荒田，在众人稀奇的眼光里，在稻田里种起了湘莲。没想到，这湘莲的经济效益远远高于水稻，这一年，150亩承包田他们收了2万多斤湘莲，市价13元一斤，当年毛收入26万元，除去开支净赚20万元。加上自家田里的龙虾、湘莲套养收入4万元，夏翠红一家当年收入24万元，他们在经济上打了一个翻身仗。

夏翠红承包荒地种湘莲脱贫致富的事在当地起到了示范带动作用。第二年，除夏翠红又承包了280亩土地扩大自家湘莲种植面积外，周边农民也纷纷效仿，20多户农民承包了荒地3000多亩进行湘莲种植，大量的抛荒田得到有效利用。湘莲种植不仅给承包的农民带来了可观的经济收入，同时也让周边其他农户通过参与种植增加了劳务收入，让当地的抛荒田呈现出勃勃生机。如今，夏翠红等莲农的愿望是让黄盖湖的湘莲产业在全市、全省、全国开花。

一分耕耘一分收获，夏翠红一家摆脱贫困，靠的是自身的勤劳和智慧。不过，夏翠红全家也从心底感谢当地政府和村委会，因为是他们在自家最困难时送来了脱贫的技术和资金，给了他们摆脱贫困的勇气和信心，让全家人在莲叶田田间找到了真正的幸福。

（图文：湖北省妇女联合会）

助力贫困母亲撑起一片天

记湖南省汝城县井坡镇大村村刘晓梦

大村小学门口的小卖部里,一位40岁出头的中年妇女正在麻利地分拣快递包裹,旁边的电脑不断传来嘀嘀嗒嗒的消息提示音,催促她时不时凑到电脑前点击鼠标。

这个忙碌的女人叫刘晓梦,是从江西嫁到汝城县井坡镇大村村的媳妇。2015年,她家被识别为建档立卡贫困户。在扶贫政策的引导下,刘晓梦成为绿百通农业有限公司在井坡镇的一个店长——她的店编号为107。如今,她通过网络平台销售店内的粮油干货、日常消费用品以及村民地里种的蔬菜。

刘晓梦自小家庭贫困,读了小学就开始跟着亲戚外出打工谋生。1995年,她在打工时与丈夫相识并结婚,50元现金和老家的一间土坯房,是这个小家最初所有的资产。为了生活,夫妻俩商量后,把50元钱分成两份,丈夫拿20元外出打工,30元留给妻子生活。二人又向亲戚借了2万元在村里开了个小卖部,让刘晓梦留在家里谋点儿生计。丈夫省吃俭用,每月除了基本生活费,会把剩余工资全数交给妻子存着。夫妻俩勤俭持家,生活渐渐有了起色。1996年3月,儿子出生,小家越发温馨了。

1999年，在夫妻二人的共同努力下，他们不仅还清债务，还花1万多元买下了小卖部旁边的一间房。又过了3年，借了些钱，他们拆掉旧房在原地建起了三层小楼。2007年，刘晓梦生下女儿，一家四口更是其乐融融。

天有不测风云，2009年5月，在广东打工的丈夫被确诊为肝癌晚期，刘晓梦感觉天都塌了。为了不让丈夫难过，她向丈夫隐瞒了实情，每天守护在床边照顾他。3个月后，丈夫离开了人世。从此，为丈夫治病欠下的十多万元债务和挣钱养家、养育儿女的重担都落在了刘晓梦肩上。为了儿女，刘晓梦忍住内心悲痛，扛下了所有。但命运再一次跟刘晓梦开了个大玩笑，

2014年7月,女儿在离家不远的学校门前被一辆三轮摩托车撞到了沟渠里,只能高位截肢保全性命。"当时感觉心都碎了,直到现在还经常半夜惊跳醒来。"刘晓梦说,丈夫得病时,她强迫自己用3个月时间接受了事实,但年幼的女儿瞬间失去一条腿,从此再也不能跳舞,甚至生活无法自理,这始终让她无法接受。

接连的灾祸让刘晓梦承受了巨大的悲伤,背上了沉重的债务。但为了孩子,她擦干眼泪,平复情绪,下定决心:不管怎么困难,也要让孩子们正常地生活。她像丈夫还在时那样照常经营小卖部,督促两个孩子认真学习,每天接送女儿并料理两个孩子的起居生活。家庭收入少了一大半,女儿的假肢护理费每年却需要近万元,她还要陆续还清欠下的债务,追收肇事者的赔偿款……但刘晓梦默默扛起这一切,从不向别人倾吐内心的苦楚。

两个孩子格外懂事。儿子以优异的成绩考入汝城一中,却在高考后放弃继续学习的机会,外出打工挣钱帮母亲扛起家庭责任。女儿读书努力,奖状贴满了家里的一面墙。每天送女儿上学时,她总不忘叮嘱母亲小心骑车。"我的孩子都很懂事,他们就是我生活下去的动力。"

2015年,精准扶贫"五评法"识别逐户开展,刘晓梦家被识别纳入建档立卡贫困户,一名镇干部被指定为结对帮扶人。

针对刘晓梦家的具体情况,帮扶人对照政策为她制订了多项帮扶措施:每月405元的二类低保救助、50元的残疾困难补助、135元的特困补助,女儿每学期500元的义务教育阶段助学金和医疗保险参合补助。2015年冬天，女儿在读的小学需要聘请一名厨师负责学生的营养午餐，考虑到刘晓梦家的特殊困难，村主任和帮扶人找到学校校长，推荐了她。"真的感谢镇里、村里的干部关心我。我每天中午到学校做一顿饭，一荤一素一汤，确保孩子们的营养，同时还能照顾女儿，离我的小卖部也近，一个月还有600元收入。"

2016年年初，产业奖补新政落地，在帮扶人鼓励下，刘晓梦把父辈分给她家的土坯房改造成了猪圈，用学校食堂里的泔水养了8头猪。2016年第一批产业验收后，她获得了1600元奖补资金，年终卖猪肉收入了2万余元。同年9月，帮扶人又引导刘晓梦办理了3万元政府担保小额免息贷款，按政策要求，刘晓梦将3万元贷款资金入股了罗霄庄园发展产业，每年按8%固定收益获利2400元。2016年年底，在各村推荐、镇县考察的基础上，刘晓梦又被作为电商扶贫试点对象。在电商扶贫工作组的指导下，刘晓梦学会了用电脑进行网络购物，并加入了汝城县绿百通农业有限公司，做起了农村电商。搭上了电商扶贫的快车，刘晓梦小卖部里的油盐酱醋、村民地里种的蔬菜，走出了大村村，被销往了其他县市。

如今，刘晓梦已还清了全部债务。她说，下一步要加强学习，做好107店的店长，等自己稳定后，要带着村里有意愿的妇女一起做农村电商致富。

（图文：湖南省妇女联合会）

能人带动　发展养殖业互助脱贫

记广东省信宜市贵子镇西门村周洪芬

周洪芬是信宜市贵子镇西门村一位勤劳朴素的农村妇女。和许许多多的农村家庭一样,为了改善家里的经济状况,丈夫常年在外打工,留她在家照料3个孩子。丈夫每月收入微薄,只能勉强维持一家人的生活。2015年,丈夫患上精神病后,生活的重担便一下子全部落在周洪芬身上。丈夫治疗费用高昂,尽管她每天起早摸黑辛勤耕作,却仍然捉襟见肘,连孩子基本的学费、伙食费都难以保证。

因为生活困苦,周洪芬一家被确定为建档立卡贫困户。虽

然享受了国家很多精准扶贫的优惠政策和补贴，但对于这个入不敷出的家庭来说，还是杯水车薪。周洪芬很清楚，要真正让自己的家庭摆脱贫困，"等、靠、要"是不行的，必须要自力更生、另辟蹊径，才能让自己让这个家庭获得新生。但是对于一个文化程度低、零技能傍身的农村妇女来说，自力更生谈何容易？周洪芬陷入了对自身发展、对自己家庭未来走向的深深担忧中。

就在周洪芬一筹莫展时，2015年，她得知贵子镇金盛肉牛养殖专业合作社正在积极推进"合作社+农户"的产业化发展模式。合作社统一采购优良的肉牛犊，将牛犊保育健康到一定程度后，提供给农户代养，并为饲养农户免费提供统一的养殖技术、防病治疗等服务。代养到期时，合作社会按照每增重1公斤24元的价格，支付养殖酬劳给农户。

经过详细了解和客观分析后，周洪芬觉得代养既不耽误自己照顾家人，又能充分利用空余时间，还能帮补家用，是个可以一试的好机会。但加入合作社，代养农户需交纳牛犊保证

金，周洪芬一家生活本就困窘，数额不大的牛犊保证金她也拿不出来。合作社的带头人范正洪了解到周洪芬代养肉牛的积极性和家庭实际困难，不仅破例免收了她的牛犊保证金，还为周洪芬家提供了肉牛代养的技术指导和生产资料。

在多方帮助下，周洪芬终于开始了肉牛代养的新尝试。她深知政府、社会对自己的关心，带着感激之情和迫切改变家庭现状的念头，一心扑到肉牛代养之中。在对代养肉牛各方面的工作渐渐熟络后，她还积极响应合作社的结对帮扶措施，不断提高自身代养肉牛的专业性和技术性。2016年5月，代养期限满一年时，周洪芬辛勤喂养的代养牛犊都变成了大肉牛，为她家获得了37120元的纯收入。这笔收入不仅缓解了周洪芬家的经济困难，同时也让周洪芬看到了自己和家庭的幸福未来。

现在，周洪芬已和肉牛养殖专业合作社开始了又一期的肉牛代养合作，她相信，下次期满时，一定会有更好的收益。

（图文：广东省妇女联合会）

帮扶引上致富路

记海南省定安县黄竹镇大坡村谢桂蓉

谢桂蓉，1952年生，一家6口都是黄竹镇大坡村委会白石岭村的普通农民。谢桂蓉的小孙子先天失聪，手术安装人工耳蜗花了15万元。2013年，谢桂蓉患了子宫内膜癌，手术、化疗等又花费3万多元。小孙子的手术和她的各项治疗费用使家庭负债累累，一家6口只能靠儿子和媳妇种养殖、打零工维持生活。家中住房条件很差，生活艰辛，可谢桂蓉却很乐观。虽然因为身体原因不能进行高强度体力劳动，但她总是尽力做一些家里的事情，还鼓励儿子周太积极向上，努力创业。

2014年，谢桂蓉家被确认为建档立卡贫困户；2016年又被核定为精准扶贫对象。为了帮助她家摆脱贫困，县里、镇上的包点干部和村"两委"干部多次入户上门了解情况。"我觉得林下养鸡很好，可就是没本钱投入。"在谢桂蓉和帮扶干部们的鼓励下，儿子周太犹豫着说出了自己的愿望。

在知道谢桂蓉一家的想法后，县扶贫办、农垦办、镇政府及村委会先后提供水牛、母羊、化肥等各类生产资料帮助其进行农业生产，降低其生产成本。2016年3月，谢桂蓉带着儿子多次向大坡村委会书记、养鸡致富带头人黎业余学习养殖经验，并在其带领下，利用自家的橡胶林发展林下养鸡。镇政府提供扶持资金8594元帮助其购买3头母猪及3000只鸡苗。5个月后，一家人精心养殖的3000只鸡出笼，售出价格约13万元，实现纯收入2万余元。

在尝到了产业发展的甜头后，谢桂蓉时常到镇政府农业办、扶贫办了解情况，还积极给自己和儿子报名参加种养殖技术培训。她还参加了"脱贫致富电视夜校"，学习政府扶贫政策，并做好记录回家和儿子一起探讨。总结养鸡经验后，谢桂蓉一家向农村信用社贷款10万元，重新修建养鸡棚并扩大养殖规模。在黎业余书记的直接指导和实地走访帮助下，她家的养鸡产业也走上了科学规范管理之路。

2016年,除养鸡收入外,谢桂蓉家的橡胶收入5000元,儿媳妇在县里打零工收入1.8万元,一家人的生活水平得到了很大提高。同年,在县住建局及县扶贫办的扶持下,谢桂蓉家领取了5万元的危房改造补贴,拆除了原来的危房,重新建造了120平方米的钢筋混凝土房,住房安全得到保障。

"帮扶引上致富路,勤劳敲开幸福门。"在新房入宅那天,谢桂蓉专程找人写了这样一副对联贴在门口。"没有干部的帮扶,我们不可能过上这样的好日子,这副对联是我们家为了铭记党的恩情自己想出来的!"谢桂蓉激动地说,"今年,我和儿子还要多养些鸡,一家人一起努力尽快把欠款都还上,让全家从脱贫走向致富!"

(图文:海南省妇女联合会)

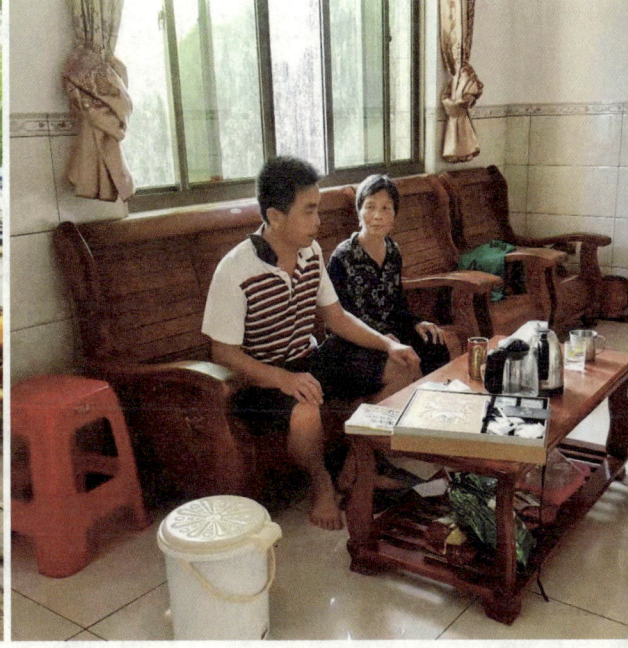

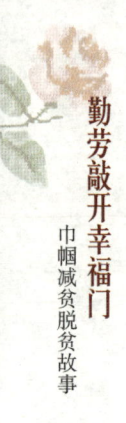

勤劳敲开幸福门
巾帼减贫脱贫故事

巧手画飞鸟　飞出贫困乡

记贵州省丹寨县扬武镇杨而朗

贵州省丹寨县扬武镇的排倒莫素有"蜡染艺术之乡"的美称，是苗族蜡染艺术的发源地之一。以排倒莫为中心，方圆几十里，村村有蜡染能人，户户有蜡画巧手，家家有蜡染珍品。排倒莫地区的蜡染制品古朴典雅、粗犷豪放、美观大方，不论是画面构图还是工艺手法，都独具特色，堪称中国手工艺术的瑰宝。杨而朗就是生活在这里的一位身残志坚、用左手撑起整个家庭的蜡画女。

生于苗寨的杨而朗从未上过学，连自己的名字都不认识。按照苗族的习俗，她从小跟着母亲学习传统蜡染，长大后为自己做衣服、制作嫁妆，凭着自己的心灵手巧和勤学苦练，练就一手蜡染绝活。

勤劳美丽的杨而朗本该有个幸福的人生，却不幸嫁了个游手好闲、好酒贪杯的男人。丈夫大她6岁，整天四处喝酒不干活儿，醉了还对她和孩子拳打脚踢。善良的杨而朗不仅饱受丈夫的折磨，还得照顾老人、孩子，同时维系全家人的生计，生活过得十分贫苦。

杨而朗40岁那年，去山上砍柴时不小心摔了下来，身体多处受伤，没钱治伤的她邻里亲友借了个遍，欠了几万元外债，总算保住了自己的性命，却永远失去了右手。

失去赖以劳动生活的右手，原本就经常打骂她的丈夫更是嫌弃她，变本加厉地折磨她，想达到离婚的目的。好几次她都被丈夫拉着去离婚，但想到离婚后一双儿女无人照顾，成绩良好的儿子会失去上学的机会，杨而朗犹豫了。为了孩子，她不能离开，她下定决心，要把孩子培养成人。就这样，她学着用左手做事，每天起早贪黑下地干活儿，别人一小时能干完的活儿，她用一天。她用左手学习蜡画，空闲的时候做点儿蜡染品为女儿准备嫁妆，通过不断学习磨炼，她成了村里画蜡画的佼佼者。

2009年，丹寨县宁航蜡染公司到排倒莫村去招聘画蜡工人。杨而朗听说到公司画蜡管吃管住还能挣钱，就拿着自己做

勤劳敲开幸福门

巾帼减贫脱贫故事

的蜡染作品去找公司负责人，表示自己能够像正常人一样工作，并当场自己画蜡。公司负责人也是一名创业女性，被她的精神所感动，破格录用了她。就这样，杨而朗成了丹寨县宁航蜡染公司第一批工人中最特殊的一个。

公司画蜡实行计件工资，工作时间自由调配，画蜡车间里，每天最早到、最晚走的一定是杨而朗。因为左手画蜡不方便，别人画两三张画的时间，她只能画一张，每天除了吃饭、睡觉的时间，她都待在车间里画蜡。每月工资收入排名时，她总能拿到前三名。每月领到工资后，她一边计划着还债，一边给孩子寄学费、生活费，却从没想过给自己添点儿生活用品。没有休息时间，没有假期，画蜡成了她生活的全部。每当儿子放假，娘儿俩一块儿在公司画蜡、聊天、挣钱，这成了她生活中难得的快乐时光。

到公司上班6年，杨而朗凭借自己的一只左手，从贫困妇女成为月收入3000元以上的工人，还将一双儿女养大成人。女儿出嫁后外出务工，杨而朗把外孙女接到身边自己照顾，如今外孙女上了幼儿园。儿子大学毕业后去了国外进修，也找到了工作。现在杨而朗每天接送外孙女上下学，晚上外孙女给她唱儿歌，说在幼儿园里的事，她教外孙女学蜡画、唱苗歌，其余时间跟着同事说说笑笑，画着自己喜欢的蜡画，尽管生活很简单，但杨而朗觉得很幸福。

三尺书案、一方白布，杨而朗把心里最美好的愿望、最美丽的风景通过一把小小的蜡刀，一笔一笔地展现在人们面前。她喜欢画鸟，画的飞鸟也是公司里最好的，各种各样的飞鸟栩栩如生。她说鸟儿最好,有一双翅膀,能够在蓝天白云间自由地飞翔。而像鸟儿一样自由地快乐飞翔何尝不是她的梦想?

命运虽然夺去了杨而朗的右手,但勤劳不屈的精神却给了她一双隐形的翅膀。如今,杨而朗的蜡画作品已经分销到祖国大江南北,有些甚至销售到海外。她的勤劳、坚忍,她的朴实、善良,让人们感动和敬佩,她也被人们称为东方的"维纳斯"。

(图文:贵州省妇女联合会)

小肩膀撑起家政大蓝天

记云南省马龙县馨洁家政服务部何章芬

从最初到妇联寻求资助信访的贫困妇女，到现在成为创建起全县家政服务信息平台的马龙馨洁家政服务部总经理，何章芬的蜕变如蝴蝶破茧。而她的勤劳勇敢、善良博爱、顽强坚忍，也让她成为"巾帼脱贫行动"中的一个典型。

2004年11月，何章芬的丈夫因车祸去世，她用瘦弱的肩膀独自承担起上有老、下有小的家庭重担，成了家里的顶梁柱。婆婆常年患病，需要人照顾，每个月还需要一笔不小的医疗费用。2011年，公公患了膀胱癌，她多方借钱为公公治病，又欠下了大额的债务。两个儿子都还年幼，需要上

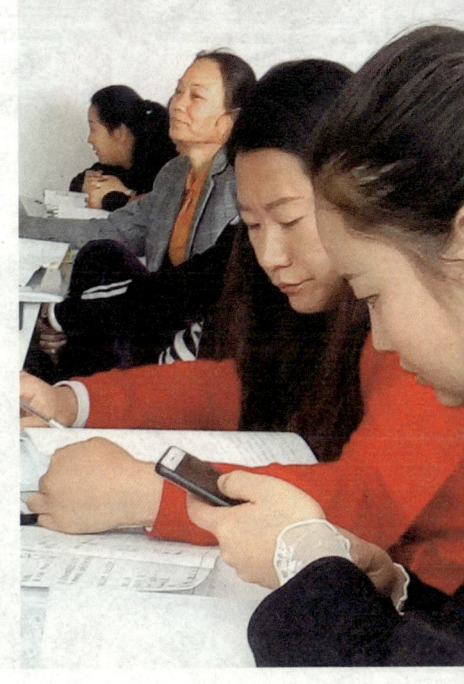

学,更需要照顾。2014年,走投无路的何章芬多次到县妇联反映自己的实际困难和问题,希望寻求妇联的救助。

马龙县妇联从"党政所急、妇女所需、妇联所能"三维交叉点出发,经过认真研究和多方考察,结合全县家政业发展实际,决定扶持创建家政信息公司,创新探索打造家政服务信息平台,帮助贫困妇女创业脱贫。经过对何章芬的综合考察,县妇联最终决定扶持其建立家政公司,并承担全县家政信息平台建设的任务。

创业前期，县妇联引导何章芬对马龙的家政服务市场进行了全面调研，了解了当时在马龙工商注册的家政服务公司的现状和经营情况，并总结发现了一些行业问题：没有统一的质量标准和价格标准，员工没有参加过正规的培训学习，管理不规范，经营范围比较单一，宣传不到位，信息不对称，家政企业和有需求的客户不能及时对接，等等。同时，妇联组织积极搭建平台，引导何章芬走出去进行参观学习，到曲靖、师宗等地的优秀家政企业学习取经，进一步开阔了她在家政企业发展与管理工作中的眼界。

2016年1月1日，在马龙县委、县政府的关心指导和马龙县妇联的大力支持下，馨洁家政服务部正式挂牌成立。公司开展信息咨询、日常保洁、月嫂、钟点工、养老护理、农村淘宝、物流、物管、培训、保险等多项服务，公司的员工大多是马龙本地的失业妇女、未就业大学毕业生、农村进城务工人员。

作为一家新型家政企业，何章芬带领下的马龙馨洁家政主动作为，立足带动妇女居家灵活就业，以培训为抓手、以促进妇女创业增收致富为主线，积极推动家政行业标准的建立及各项工作的顺利开展，带动当地妇女灵活就业，切实发挥了下岗妇女、进城务工妇女在经济建设和社会发展中的积极作用。公司成立一年多的时间，就先后培训了400余名下岗失业妇女、农民工妇女从事家政服务工作，发展态势良好。

马龙馨洁家政还实施"巧女兴家"工程，投入30万元用于开展马龙各民族妇女素质培训，自办、联合妇联举办妇女实用技术、创业就业及阳光工程等各类培训班，对下岗女工、进城务工妇女，不但免费为她们培训，还积极争取国家政策扶持，提高了她们发展、创业、就业能力。县妇联投入3万余元扶持建设的马龙家政信息平台和微信平台，不仅实现了"线上有马龙家政信息资源"的最初目标，同时，结合县妇联举办的各类家政人员培训，完善家政从业人员信息，进一步完善了全县家政信息资源，健全了线上线下的家政服务双方信息数据库，进一步促进了全县家政服务业的发展。

2016年，在县妇联扶持下，何章芬的家政服务部成为"两个十万元"小微企业，顺利争取到省、市财政的3万元扶持资金和5万元妇女发展循环金。这些资金不仅解决了企业发展中资金不足的实际困难和问题，也给何章芬的人生注入了新的活力和希望。

（图文：云南省妇女联合会）

贫困不可怕 脱贫当自强

记西藏自治区曲水县茶巴拉村
群宗

  2015年,家中只有3亩地的群宗,孩子也才刚满3岁,因为要独自照顾幼儿,群宗无法外出务工贴补家用,无经济来源的母子两人,生活十分困顿。而此时,精准扶贫的号角响彻茶巴拉村,各种助力脱贫的政策和帮扶措施让群宗看到了生活的希望。但群宗觉得接受国家帮扶不是长久之计,苦苦思索后,她意识到只有借助精准扶贫的东风自力更生、艰苦创业,才是自己摆脱贫困、走向富裕的正确之路。

  但是自己究竟可以干什么呢?群宗犯了难。群宗想到自己之前在拉萨一家烧烤店当过服务员,烧烤店的生意一直不错,收益也不错,自己也在那里学到了烧烤的技术。而茶巴拉村地处318国道沿线,虽然有很多茶馆,但还未有一家烧烤店。倘若自己开一家烧烤店,应该还是很有市场竞争力的。

  2016年4月,群宗主动联系村委会,谈到自己想创业开一家烧烤店的想法。村"两委"了解了群宗的想法后,大力赞赏,表示支持。于是,茶巴拉村委会结合精准扶贫、精准脱贫、打赢脱贫攻坚战的具体要求，积极主动作为，努力开展了对以群宗为代表的贫困妇女的帮扶脱贫工作。

想要开店，首先得选址。群宗家房子比较破旧，而且在村子里交通不便，于是，茶巴拉村委会积极为群宗寻找位于318国道两侧合适的铺面。村委还联系了群宗的对口帮扶单位曲水县纪委，转达群宗想依靠自己的双手创业脱贫致富的想法，希望能够予以帮助。

不久，群宗终于如愿租到了一个人流量大、位置较好的铺面，而月租金只要300元。曲水县纪委还帮助解决了一个大型冰柜、一个消毒柜、4张桌子和7套藏椅，群宗只要自己置备厨房用品就可以开业了。由于儿子喜欢"光头强"，群宗就将自己的烧烤店命名为"光头强烧烤店"。

群宗的烧烤店就这样开张了。作为全乡唯一一家烧烤店，群宗家的烧烤店顾客络绎不绝，生意十分红火，很快群宗就赚

到了第一桶金。烧烤店生意越来越好，原来的菜品已经不能满足顾客需求了，群宗便扩大了菜品种类。菜品多了，顾客多了，卫生更不能马虎，于是群宗每天穿梭于厨房与客人之间，很忙但很开心。2016年12月，群宗摘掉贫困帽，成功脱贫。

如今，群宗每个月店铺收入有3000余元，农忙时节，她还可以将烧烤店暂时停业，从事农耕工作，自由的工作时间和自给自足的工作状态让群宗很满足。自己动手，丰衣足食，虽然忙碌，但是靠自己的双手勤劳致富，群宗觉得这就是自己希望的生活。

群宗成功脱贫致富的案例深深触动了周围其他的贫困户，消除了一部分贫困群众"等、靠、要"的思想，带动许多贫困群众积极投入创业脱贫的队伍中。如今，茶巴拉村越来越多的贫困人口，开始走上了依靠自己双手勤劳致富的道路。

（图文：西藏自治区妇女联合会）

勇当群众脱贫致富路上的引路人

记陕西省扶风县召公镇吴家村王喜玲

王喜玲是扶风县召公镇吴家村一名普普通通的农村妇女，在乡亲们眼中，她既是一个精明干练、办事利索的苗木经纪人，又是一个甘于奉献、乐于助人的好心人。她在遭受了自身病痛和失去丈夫的巨大悲痛后，没有一蹶不振、怨天尤人，而是选择勇敢面对现实，用自己柔弱的臂膀挑起家庭重担，用自己勤劳的双手艰苦创业，不仅自己脱了贫、致了富，还帮助带动身边的贫困户一步一步走出贫困。

王喜玲是一个敢想、敢试、敢做的普通农村妇女。她勤劳肯干，开过理发店、服装店、鞋店，有了一些积蓄和经验后，经过市场调研，她发现农村养殖业大有可为。于是，她倾其所有，开办了吴家村第一家养猪场。她一边买来养猪实用手册，认真学习养殖技巧，总结养殖问题；一边提上礼品，东奔西走，向别的养殖户"取经"求教。正当她的养殖事业渐渐走上正轨的时候，2011年9月，王喜玲被医院确诊为子宫内膜癌。手术和术后治疗一年多，总共花费11万元，高额的医药费，逼得她不得不将家里养猪场的200多头猪"打包"出售。谁知祸不单行，2013年6月，丈夫遭遇车祸不幸身亡。这对王喜玲来说更是晴天霹雳、雪上加霜。但是，当看到正在上学的女儿和体弱多病的婆婆时，她无数次告诉自己，必须坚强，不能倒下。

在知道王喜玲一家的不幸遭遇后，村镇将她家3口列为低保户，县上将她家认定为贫困户，县里的干部齐军建将她作为自己的扶贫帮扶对象，努力为她解决创业资金难题。大家的关心让王喜玲从阴霾中走了出来，重新点燃了她对生活的希望，点燃了她再次创业的热情。

下定决心再次创业的王喜玲发现，十里八乡不少农户凭借种树苗赚了钱，于是买来白皮松和樱花树苗，把家里6亩地全部种成了苗木。但是，树苗当年见不了利，还要不停地投资，家里的开销怎么办？她看到附近栽植苗木的农户不少，但出售渠道却不多，于是就试着当起了苗木"经纪人"。万事开头难，最初她一个客户都不认识，风里来雨里去，瞎跑了几个星期，

勤劳敲开幸福门

巾帼减贫脱贫故事

到头来钱没少花，一笔生意也没谈成。但她没有气馁，而是靠着一股子韧劲，别人在里面投标，她就在大门外苦等，只要看到有人拿着标书出来，她就凑上去与中标人洽谈。也许是被她的诚心打动，她终于在大门口谈成了第一笔生意——2万棵核桃树苗，一星期内交货。为了按时交货，倔强的她借来一辆摩托车，即使是在乡间小路摔倒，她也硬咬着牙忍着痛赶到地头与树农谈价钱，几乎跑遍了扶风县的每一个镇。第六天，2万棵核桃树苗全部运到交货地点，第一个客户为她竖起了大拇指。

接连做成了几笔生意，王喜玲的信心更足、跑得更勤了。村里鸡叫头遍，她便带上药，揣上几个馍馍出门了，不到满天星斗不回来。联系客户，寻找货源，挖树装车……累了，靠着田垄歇歇脚；病了，倚着树苗缓缓劲儿。她这种执着的敬业精神和吃苦耐劳的品质，赢得了客户的信任和苗木种植户的赞誉，王喜玲的苗木"经纪人"越做越好，创业之路越走越宽。

如今，王喜玲因患病所借债务早已还清，新建的二层小楼窗明几净，电视电脑一应俱全，村里村外，大伙儿都为这个弱女子竖起了大拇指。但受人帮助创业成功的她，希望可以帮助更多的人。她申请贷款8万元，成立了苗木果蔬合作社，主动用自己丰富的人脉资源和宝贵的育苗经验，为身边的苗木种植户提供技术、销售等方面的帮助。她先后帮助群众销售苹果苗木50余万株，给本村贫困户王建昌赊账提供樱花苗木2000余株，指导陈红强种植核桃树苗17亩，帮助王芳侠栽植红叶李等苗木20余亩……王喜玲还想方设法将群众修剪果树的枝条变废为宝，出售给育苗客商。同时，她印制名片，为周围群众联系客商，帮助他们销售苹果、核桃等苗木，为他们解决实际困难。

现在，王喜玲成了群众眼中的女强人和帮助大家致富的领路人。她决心，今后还要撸起袖子加油干，用自己的创业实践，帮助和带动身边更多的群众致富。

（图文：陕西省妇女联合会）

逆境重生　携手同奔小康

记甘肃省陇南市西和县兴隆镇杨英童

从一名普通的农村妇女到远近闻名的致富带头人，从餐馆服务员到带领几十名贫困户创业发展的养殖专业合作社理事长，甘肃陇南市西和县兴隆镇的杨英童用自己的生动事迹告诉了身边的人一个道理：女人不只是会面朝黄土背朝天、围着锅台孩子转，只要勤奋好学，只要勤劳吃苦，女人也能做成大事情，农家女也能成为大家心目中的能人。

2002年，杨英童高中毕业后外出务工，做过餐馆服务员、工厂工人等。2006年，她嫁给了同乡下庙村的小伙王爱峰，婚后小夫妻一起在外打工。2008年，小两口返乡回家搞起了生猪养殖，但因经营规模小，缺乏养殖技术，虽然起早贪黑辛勤劳作，但增收效益并不明显。本来还算平静安稳的生活被命运无情打破，2011年，杨英童的丈夫不幸因病去世。丈夫的去世给整个家庭带来了致命的打击。因为给丈夫看病，家里欠了好多债，而年过七旬、体弱多病的公婆和两个年幼的孩子还需要杨英童一人照顾。接受不了如此残酷的现实，杨英童每天以泪洗面，一度不知道该怎么面对今后的生活。

杨英童的不幸遭遇，牵动了乡村干部的心。2013年，她家经村评议小组提名并被评为建档立卡贫困户。帮扶人员在思想上和家庭经济发展上给予了杨英童很大的支持，为她家制订养殖发展规划，联系技术人员提供养殖帮扶技术。在多方帮扶力量的扶持下，杨英童逐渐从生活的阴影中走了出来，再次对生活充满了希望。她担负起赡养两位老人和抚养两个小孩的重担，开始积极谋划致富发展出路，提高家庭收入。

2014年7月，杨英童联系了本村热爱生猪养殖的5户村民，组建了西和县启腾养殖专业合作社，并被推举为理事长。万事开头难，创业之初，杨英童起早贪黑，自学经营管理和养殖专业技术，积极拓宽销售渠道，走过了一段艰辛的发展之路。

在养殖过程中，杨英童打听到本地黑猪能卖好价钱，便四处奔波，积极向其他养殖户取经求教，还购买了《农村实用技术》《生猪养殖技术》等资料，自学养殖技术。生性聪慧的她，不久就全面掌握了生猪防疫、常见病治疗、饲料配方等关键环节，并不断在养殖实践中丰富经验。2014年，经过培训学习后，她将中药天麻添加在自家的猪饲料中，饲养出的生猪体质更加强壮，免疫力也增强了不少。一家人尝到了科学养殖的甜头，周边其他养殖户也纷纷借鉴她的经验。

2015年，西和县被确定为全国妇联的帮扶县。在一个偶然的机会，杨英童了解到妇联也可以帮助像她这样的妇女发展生产。经过和县妇联接触沟通后，杨英童的情况很快得到全国妇联挂职帮扶干部的重视。随后，当时全国妇联挂职西和县的副县长马菁和县妇联的负责人一起来到杨英童的养殖场进行了考

察。此次考察后，在马菁及县上其他领导和当地乡镇的帮助支持下，杨英童扩建了养殖场。2016年，在马菁的引荐及县上其他领导的支持下，杨英童和河南某大型养殖企业达成合作协议，在先期试养的基础上，一次进了700多头猪仔，开始了真正大规模的养殖。

在全国妇联、县、乡党委政府的大力支持下，杨英童的启腾养殖合作社在自身发展的同时，积极探索"合作社＋基地＋农户"的养殖新模式，社员只需喂仔猪三四个月就可以出栏，每头可获得200元报酬，极大地带动了贫困女性一起发展的劲头。"打铁全靠自身硬，脱贫致富靠勤劳。"目前，合作社采取免费技术培训的方式，对有养殖需求的贫困户进行技术帮扶，增强贫困农民自我发展的能力。合作社还和本村17户建档立卡贫困户签订协议，贫困户以入股的形式一次性投入6000元，零风险、不操心，每年年底由合作社给每户分红。入股的贫困户平时还可以到合作社打工，增加劳务收入。2017年7月，合作社为带动的贫困户每人分红4000元，让贫困女性得到了实实在在的效益。

如今，杨英童已基本还清了所有债务，逐步走向富裕，她的敬老、爱幼、帮贫、救困的情操也受到了社会各界的赞誉。她的养殖小产业成就了巾帼大事业，自己也成为了西和当地脱贫攻坚的榜样。如今，她的合作社成了"全国妇联定点帮扶示范基地"，原来100平方米的小型家庭养殖场已扩大为1200平方米的现代化养殖场，年出栏1600多头，以入股的方式带动周边贫困妇女27人。她还带动周边40多名妇女成为养殖大户，共出栏肉猪800余头，累计实现产值60余万元，利润28万元。

"是党的政策好，扶持和帮助我们这些艰难的创业者，我才有了今天。创业成功后，我会尽自己的最大努力去帮助那些需要帮助的人。"杨英童知道，现在合作社虽已初具规模，但要实现长足发展，还需投入更多的精力，任重而道远。她说，为了这个家，为了这份事业，再苦再累，都会坚持到最后，会努力做得更好。

（图文：甘肃省妇女联合会）

脱贫致富路上的女能人

记青海省门源县西滩乡东山村褚维兰

在青海省门源县西滩乡,有个女能人几乎人人皆知,她就是创立"东山维兰盛世棠饲料加工厂"并带领贫困农民共同致富的褚维兰。2016年,她拿出10年打工积攒下来的120万元钱,在自家门前的空地上就地建起了简单的饲料生产厂房,并于5月30日开业生产。褚维兰主动深入饲料销售地点收取产品使用反馈信息,在产品质量上精益求精,热情接待顾客,短短的几个月,生意就做得红红火火,饲料开始供不应求,带领当地贫困户走上了致富发展的道路。

其实,褚维兰一家原来是东山村出了名的困难户。丈夫白光寿是一个老实巴交、吃苦耐劳的庄稼汉,褚维兰虽然有高中文化,但要养育两个儿女,日子过得并不富裕。2006年,在西滩乡党委政府带领下,二人外出海西州花土沟油田打工。夫妻二人的勤恳敬业、诚实守信打动了油田领导,从最初的卖苦力到承包油田食堂,一干就是10年。2016年,夫妻俩考虑家庭及孩子上学等问题,决定返乡创业。

高中文化的褚维兰回家后,看到东山村部分农民依然贫困的现状,创业带动致富的念头就开始时不时撞击着她的心。她立刻开始调查了解市场,根据农村养殖业日益壮大的发展趋势和全社会追求绿色食品的生活理念,夫妻俩经过商量,决定开一家绿色饲料加工厂。说干就干,褚维兰立刻报了培训班,学习饲料加工技术。培训合格后,两人拿出多年积蓄,在自家门前空地上开始建厂。

  工厂开业前,思维敏捷、志在带领乡亲们脱贫致富的褚维兰主动提出,饲料厂的用人、经营原则必须是在扶持贫困户的基础上发展。这个主张得到了村委会的大力支持。于是,东山维兰盛世棠饲料加工厂顺利地与13户建档立卡贫困人员签订了零工和正式职工聘用合同书,既解决了部分贫困户就业难的问题,也让更多贫困群众看到了劳动致富的希望。

如今，初具规模、月生产销售量达150吨的饲料加工厂，产品销售已扩充到祁连县默勒镇地区，但厂子里无论运输、装卸还是和最初一样，找贫困户人员，让他们打工挣钱。"我是穷人出身，我时时刻刻忘不了穷人！"褚维兰说，"我十分心疼贫困户，看见他们我就想起当年的自己。我要努力创业，现在我的饲料厂才初具规模，今后我要用实际行动带动他们走脱贫之路，争取将维兰盛世棠饲料加工厂办成东山贫困村的龙头企业，带动建档立卡贫困户早日脱贫，兴建家园。"

褚维兰成为西滩乡东山村脱贫致富路上的领头雁，是以实际行动带动乡亲、关心贫困户致富的女能人。她用自己的厚爱、勤劳和努力，带领东山村农民群众走上了脱贫致富的道路。

（图文：青海省妇女联合会）

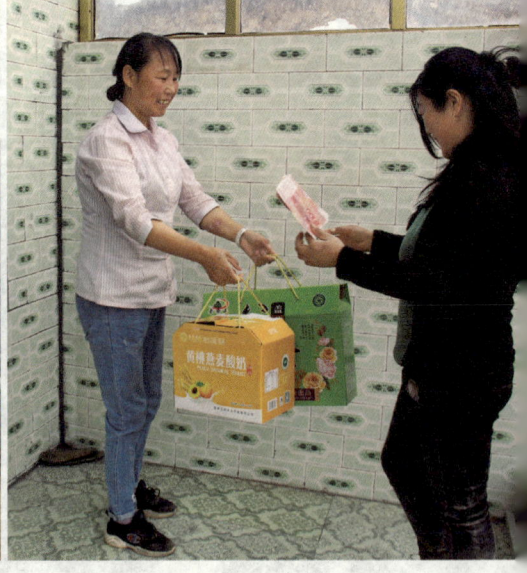

美丽产业编织致富路

记宁夏回族自治区青铜峡市青峡绣女工艺品编织有限公司李秋梅

李秋梅，吴忠市第五届政协委员，吴忠市第四次妇女代表大会执行委员。她曾经是一名下岗女工，现在是青铜峡市青峡绣女工艺品编织有限公司的负责人和青铜峡市妇女手工艺品协会会长，因其创业致富的突出表现，曾获"全国城乡妇女岗位建功先进个人""自治区城乡妇女巾帼科技致富带头人"等多项殊荣。

下岗后的李秋梅，一没资金，二没技术，开过餐厅、卖过服装、打过零工、摆过地摊，但生活却总是不尽如人意，打拼几年还是一无所获。一筹莫展之时，她偶然与十字绣结缘，2007年，在小坝利民南街开办了青铜峡市第一家十字绣手工艺品店。开店之初，因为经验不足，对市场缺乏了解，加上人们对十字绣不了解，店内经营惨淡。是关门走人还是迎难而上？通过多方了解，李秋梅找到了市妇联求助。

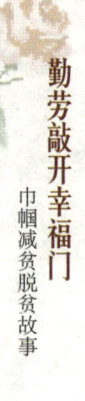

在市妇联的支持下，2009年3月起，李秋梅多次举办下岗失业人员、农村富余劳动力丝带绣、丝网花制作、十字绣、刺绣等手工艺品制作技能培训。2010年，在妇联母亲小额循环资金扶持帮助下，李秋梅开了小坝第一家绣香阁手工店，把手工编织技术毫无保留地传授给别的民间工艺品店，使吴忠利通区、盐池、青铜峡、红寺堡、彭阳、泾源县的工艺品商店形成了一条龙服务的经营模式，同时给一部分无业人员找到了致富出路。

在妇联、工会、就业局、商务局领导的鼓励和关心下，李秋梅成立了青铜峡市青峡绣女工艺品编织有限公司，并且注册了属于自己的商标"青峡绣女"。2015年6月，青峡绣女赴福州参加了第十三届中国·海峡项目成果交易会会展期间，青铜峡市青峡绣女具有宁夏民族特色、工艺精美、经济实用的妇女手工编织产品——串珠、丝带帽、钻石画及串珠包等1000余件，深深吸引了来自全国各地的客商，现场销售一空。这次交易会，不仅展示了宁夏手工编织工艺的独特魅力，也让李秋梅备受肯定。她被宁夏回族自治区职业技能鉴定指导中心聘为刺绣品制作工种考评员，同时被宁夏职业技术学校聘为技能鉴定指导委员会专家委员。而这些荣誉，也让李秋梅明白了自己身上的责任。

2017年，在妇联"巾帼巧手脱贫项目"和青峡绣女公司支持和帮助下，李秋梅在红寺堡玉池村成立了巧媳妇手工合作社，在青铜峡同富村成立了巧巧手工制品合作社，在利通区上桥镇成立了慈善手工制品协会，组织建立了十几家女能手家庭作坊，组织当地妇女利用业余和闲暇时间从事丝网花制作、刺

勤劳敲开幸福门

巾帼减贫脱贫故事

绣、丝带绣、串珠、"十字绣"等十余种手工艺品加工，希望可以通过这种形式让更多女性走向富裕。

对现在的李秋梅来说，贫困姐妹们成了她最大的牵挂。通过培训，让贫困女性从不会到会，技能从陌生到娴熟，从不会挣钱到学会挣钱，李秋梅希望带领贫困母亲、单身母亲、移民村妇女、康复的特殊人员以及不能走出家门的残疾妇女真正在家致富。

如今，在青峡绣女公司的带动和帮助下，当地的很多妇女都在做着这些"美丽产业"，越来越多的人成为拿起针能绣花、拿起线能串珠、拿起钩针能编织的巾帼巧手。

一个人富不算富。创业路上，李秋梅希望青峡绣女在妇联娘家人的支持和带领下，在没有围墙的加工厂里，让这条"炕头经济"致富的新路越走越宽、越走越远。

（图文：宁夏回族自治区妇女联合会）

"残疾妈妈"巧手致富

记新疆维吾尔自治区巴州博湖县才坎诺尔乡李玉慧

上天总喜欢不断地给世人带来考验,但这并不代表前方再也无路可走。在巴州博湖县才坎诺尔乡赛罕吾敦村,有一位身残志坚的巾帼巧手——李玉慧,她用自强不息的精神,谱写了一曲让人感慨的创业之歌。

李玉慧的右腿年幼时因小儿麻痹致残。结婚后,她和丈夫育有一儿一女,生活虽不富裕,但一家4口相亲相爱,倒也其乐融融。然而,李玉慧的右腿病情越来越严重,骨质增生、骨膜

严重损伤让她疼痛难耐,甚至走路多了都会成为她的负担。疾病的治疗费用和一家4口的日常开销全部落在丈夫身上,加上孩子读书,这个家更是举步维艰。李玉慧看在眼里,急在心里,她不想做一个坐吃等死的废人,但她肢体残疾,年龄又偏大,就业之路无比艰辛。现实生活的一再打击令她觉得自己一下子失去了自身和人生的价值。这时,乡妇联主席孟和才次克找到了李玉慧。在聊天中,妇联主席得知她有一双做布鞋的巧手后,给她出谋划策,启发她在家做布鞋挣钱。这个思路一下子点燃了李玉慧的希望。

说干就干,李玉慧的布鞋生意就这样开始了。从2014年开始,李玉慧向巧手姐妹们请教,花样和缝法技艺日渐成熟,做出的布鞋物美价廉,深受群众喜爱。一次,在赛罕吾敦村民族团结运动会纳鞋底比赛中,李玉慧夺得了第一名。比赛结束后,她给大家讲解了布鞋的花色、绣法、种类和布鞋中隐藏的商机,深受妇女群众的喜爱,吸引了村里20余名妇女一起制作布鞋。

2016年7月,在党的惠民政策的指引下,李玉慧本着诚信立身、守信经营的原则,在乡党委提供的创业基地开办了一个以售卖手工布鞋为主的小店。当时市场里的手工布鞋店已不是一两家,要想在其中站稳脚跟并树立起自己的声誉,并不是件简单的事情。但李玉慧不服输,她迎难而上,以精良的手工艺、热情优质的服务,不到半年时间就把小店的生意搞得红红火火。李玉慧还针对市场需求,根据男性女性、大人小孩的不同需要,和姐妹们商量后推出了"私人订制"服务,针对每位顾客的不同需求,为他们订制独一无二的布鞋。

李玉慧觉得,自己的手工布鞋店能顺利开业并在短时间初具规模,离不开党的新农村优惠政策和政府对农民自主创业的扶持鼓励。"一个人富不算富,大家富才是富",当店里的基本生意稳定下来后,她便慢慢带动周边群众致富,希望在自己获得较好收益的同时,也给村里的妇女带来就业机会。店里会根据经营状况,在农闲时联系妇女们来做鞋子以获取报酬,获得了村里农户的广泛好评。

凭着"诚信乃立身、经营之本"的信念,李玉慧不断创新服务方式,不断提升产品质量,她相信自己的手工布鞋店一定会越来越好,自己的致富梦想也一定会实现。

如今的李玉慧,再不像当初那般自卑,她自信、乐观、积极向上。她坚信,依靠自己的努力和智慧,一定可以带着全家和村里的姐妹走上幸福之路。

(图文:新疆维吾尔自治区妇女联合会)

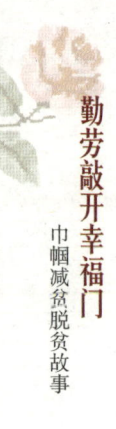

情系托峰富农家

记新疆建设兵团一师四团十五连乌丽倩木·托乎提

一天早上,乌丽倩木·托乎提急匆匆地走向自己的"乌丽倩木巧手制衣合作社",今天是赶集的日子,她要将自己和姐妹们连续一周赶制出来的艾德莱斯衣裙带到集市,送给等待已久的货主。打开合作社的大门,墙上一匹匹精美的布料折射出耀眼的光芒,乌丽倩木快步走到成衣架前,一边小心地将五颜六色的维吾尔族特色衣裙折叠起来,一边用不大标准的汉语说道:"如果没有兵师团各级妇联的鼓励和帮扶,不可能有我今天的制衣坊。"

乌丽倩木在娘家学得一手制衣技能,2002年嫁入四团十五连后,拥有一双巧手的她时常为丈夫和孩子缝制衣物,却从没想过出门赚钱。2017年3月,在参加完新疆兵团妇联举办的"创业创新宣讲会",亲耳聆听他人创业创新成果后,乌丽倩木的心活泛起来,她也想靠自己的制衣技能致富家庭。可这一想法却遭到了家中亲属的坚决反对,理由是"女人就该安分守己地待在家中"。当她犹豫再三、拿不定主意之时,四团妇联干部先后三次登门造访做其家人思想工作,从妇女地位的发展讲到了创新政策下的美好前景，从家庭致富说到了民族团结大局，中肯的话语终于打消了乌丽倩木家人的所有顾虑。短短一周，在妇联干部帮助下，占地40平方米的小店在鞭炮声中挂牌成立。让乌丽倩木没有想到的是，营业第一天，她就迎来了上百位民族妇女，承接了3件艾德莱斯衣裙和5套童服的制作。"1件衣裙收制衣费60~100元，3天交货，比整日待在家里强多了。看乡邻们穿得漂亮，我的心里也美滋滋的！"乌丽倩木说。

乌丽倩木在家门口成功收获"第一桶金"的事实，为十五连五六百名闲置在家的妇女提供了范例。渐渐地，懂得裁剪技术的妇女三三两两找来希望加入，乌丽倩木二话没说，当场应允。她说："维吾尔族服饰独具特色，尤其用漂亮的艾德莱斯制成的衣裙更加华美亮丽。有了姐妹们的加入，我们就能让更多的人摒弃吉里巴服，向世人展示今天美好的幸福生活了！"一个月不到，乌丽倩木的小店就先后有10名懂得裁剪的妇女加入。

人员扩充，场地显小，机器嫌少。妇联干部看在眼里，记在心间。2016年5月，经过与团、连干部的协商、选址和装修，驻扎在连队闹市区、交通方便且拥有120平方米设计室、制衣室及成品展览室的少数民族制衣坊正式挂牌。而此时的乌丽倩木想得最多的就是怎样帮助家庭妇女拓宽就业渠道，为姐妹们干点儿实实在在的事，把她们往致富路上领。

在外出学习考察的过程中，乌丽倩木偶然间得到一本《农民专业合作社法》。她眼前一亮，随即找人咨询、反复琢磨，认定"干合作社是件大好事"。2016年8月，乌丽倩木联合6位姐妹，以入股形式筹集资金，加上兵团、师市妇联补贴，组建了乌丽倩木巧手制衣农民专业合作社，并担任理事长。

一开始，大家都干劲十足。可是，合作社来料加工式的服装制作方式逐渐束缚了姐妹们的手脚，市场上不断更新的成衣款式也让姐妹们望而却步，入不敷出让小店陷入困境。那段时间，乌丽倩木焦灼得整夜无法入睡，一心想找到失败的症结。后来，在兵团妇联的指导下，乌丽倩木带领大家探索创新机制，推进规模化经营，以分红方式和保底收购等方式调动姐妹们的热情。为扩充销路，合作社在服装质量、工人考勤、环境卫生、后勤保障等方面加强管理，依托距离温宿县吐木秀克乡市场较近的地缘优势，搞起了自制服装的市场销售；针对当地维吾尔族妇女人多地少、拥有大把空闲时间，且又心灵手巧的优势，开发十字绣、珠珠包、刺绣服装等手工制品的制作与销售。

当地妇女创业意愿强，创业能力弱，乌丽倩木就加强对合作社成员的技能培训，她从阿克苏、乌鲁木齐聘请高级缝纫工，开展缝纫培训；组织姐妹赴温宿县、阿克苏等地学习先进的管理经验和制衣技巧；组织合作社妇女开展制衣、刺绣、珠串饰品制作技能大赛。在连队召开的农民大会上，她还走上讲台，以自身经历为数以千计的妇女现身说教，鼓励更多的姐妹依托自身优势在家门口挣钱。

合作社的业绩吸引了众多人的目光，先后有36名妇女加入合作社中。从乌鲁木齐返回家乡的日热然木·麦麦提开心地说："我从小就喜欢缝纫和刺绣，可闲时制作的成品没有销路,无奈只能外出打工,虽然挣钱多,但花销很大,不如就在家门口致富。"43岁的哈尔妮莎·沙吾提一家5口仅靠15亩河滩薄地种植饲料玉米生活,日子过得紧巴巴的。她看到姐妹们在合作社干得风生水起,也抱着试试看的态度来到这里,从帮忙钉扣子、锁裤边这样的小事做起,一个月竟然赚了1200元贴补家用,并且家里的农活儿及孩子的照顾也没有耽误。这让哈尔妮莎满是皱纹的脸上逐渐泛起了红光:"再学半年,我也能拿剪刀动手裁剪啦!"

2017年4月,乌丽倩木巧手制衣制作合作社在师市党委及妇联组织的关心帮扶下再次投资10万元,扩充场地682平方米;投资7.96万元,购买缝纫制衣设备39台/件;投资3.23万元,添置珠串制作设备103种,初步开始承揽学生校服、企业工装、医疗被单等批量制作产品,月销售额突破万元。在中国阿拉尔首届杏花生态旅游节上,乌丽倩木和她的姐妹们以自身制作的民族时装为基础,成功举办"民族霓裳·四团印象"民族服饰秀,用新的姿态展示了少数民族妇女不一样的美丽。

依靠自己,努力生活,创造美丽,展示人生,这已成为乌丽倩木巧手制衣制作合作社众多姐妹的信念共识和努力方向。

(撰文:新疆生产建设兵团妇女联合会)

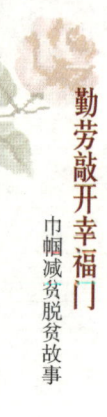

勤劳敲开幸福门
巾帼减贫脱贫故事

用真心真情做好扶贫工作

记天津元彩文化创意有限公司陈元绥

陈元绥是天津元彩文化创意有限公司董事长。30多年的机关工作养成了她停不下来的习惯，退岗后就抽出空闲时间做起了公益。

2011年开始，陈元绥连续3年在北京举办手工编织公益讲堂，培训人员万人次以上。2013年，受全国妇联妇女发展部委托，她作为开展全国"千县亿万妇女创富计划"方案的实施者，先后来到甘肃、湖南、河北、宁夏、四川、山西等地的贫困地区，为贫困妇女开展手工技艺培训授课，目的就是把手工编织及其他手工技能作为促进妇女就业创业、开发妇女人力资源的重点项目加以推进，让广大边远山区的贫困居家妇女掌握一项手工技能，靠居家加工取得经济收入，早日脱贫。

2013年12月，陈元绥第一次走进贫困地区，来到甘肃定西漳县。定西是甘肃乃至全国最贫困的地区之一，而漳县则是定西最具代表性的贫困县。她发现，漳县大部分村庄都在距县城较远的山区，当地的妇女收入很低，而且大部分妇女没有稳定收入。在去贵清山一个村子的途中遇到大雪封山，路非常滑，她和当地妇联一行人的双脚都被雪和泥糊住了，从山下到山上，一行人走了近一个半小时。终于到了授课的贫困村，陈元绥看到，在村头的露天谷场上、冰天雪地中，100多名妇女整齐地坐在凳子上等待着她们。寒风呼呼地刮着，好多妇女连羽绒服都没有。那一刻，她被感动了，也深深感受到了山区妇女脱贫的渴望。培训结束将要离开，一个接受培训的小姑娘拉着陈元绥的手怎么也不肯让她走。最后，小姑娘跑着从家里拿来一个用彩纸折叠的篮子，非要送给她作礼物不可，感动得她把围巾和一件外衣送给了小姑娘。县妇联的同志告诉陈元绥，在山村里，叠篮子用的彩纸是很稀罕的，那是小姑娘心中最美也是最好的礼物了。就是这一件事，让陈元绥下定了要把扶贫这件事做下去的决心！

为了使接受培训的姐妹们学起来更有积极性，技术提高得更快，也促使她们勇于动手、勤于动手，陈元绥首先决定，这次培训课中做出的手工作品全部现金收购，鼓励贫困女性用自己的劳动获得收入，改变贫困的状态。陈元绥带着订单去授课，根据贫困妇女初学编织的水平，积极地与义乌、北京国旅公司对接旅游纪念品加工，和平安公司对接编织围巾供应合同。直到现在，最初的旅游纪念品编织加工订单还在进行中。

为使漳县贫困妇女经济收入更好地提高，陈元绥邀请北京服装学院的教授连同她公司的设计师，共同到漳县研发本土和现代新产品的设计理念方向，开始研发"每镇有特色"的手工产业加工模式，避免产品重复开发。她还和当地妇联积极配合分化专业，精准定位建立手工加工基地，并对接产品去向，

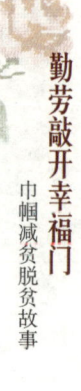

共同打造独创性产品,促使姐妹们的手工作品有较高的经济收入。

目前,漳县已建立了1个加工皮毛饰品的扶贫车间和3个具有特色的手工基地:布艺基地,主要开发制作本土与现代材料结合的商品;编织、绣花基地,在保留本土特色的同时加入新元素,更好地完成订单;农作物废物利用基地,主要研发农作物废物利用的产品,如玉米皮编制等。通过手工扶贫,漳县的贫困妇女获得了实实在在的收益。

2017年3月,在银川进行手工培训时,陈元绥被前来听课的200多名年轻女孩子惊住了。这些女孩年龄基本都在30岁以下,这么多劳动力都集中居住在一个贫困村,她们怎么不出去打工呢?经了解才明白,她们都是生态移民来到银川的特贫户,按当地的风俗,回族未结婚的女孩子是不能出远门的。陈元绥立刻想起,习近平总书记在视察扶贫地区时发表的重要讲话:"村头建厂,让贫困农民走进工厂,转换身份成为产业工人。"这种新扶贫模式不正适合在这里落地吗?这么多年轻的女孩子走进工厂,从此可以摆脱贫困,200个妇女,意味着200户村民脱贫,当时她就有了在当地建厂的想法。

陈元绥立刻向当地妇联、市政府进行了汇报,得到全力支持;全国妇联发展部也积极肯定了她的想法,希望创新开发精准扶贫模式,贫困村村头建厂,达到就地就业不离家,争取在灵武建立全国首个"妇女扶贫车间",让项目尽快精准落地。

在当地妇联和政府的积极支持和大力配合下,扶贫车间协议顺利签约。陈元绥公司200万元编织与皮草结合的饰品订单,当地企业家的披肩、靠垫、皮毛服装加工每年1000万元订单落地车间。同时，她还与当地女企业家谈妥共同建厂，报批执照及进出口权批文。而后，她又沟通当地企业家，将他们生产皮草服装的下脚料常年赞助给扶贫工厂，降低扶贫厂制作饰品的部分材料成本。灵武扶贫工厂项目从开工建厂、招聘贫困女性入职，到设备安装完毕、工人上岗工作，整个过程仅仅用了45天，创造了当地在精准扶贫工作中的多个第一。

扶贫车间开工，从车间主任到编织、绣花、皮毛裁剪制作的老师以及库房管理一行5人，全部是陈元綵带来的有经验的老师。她们不计报酬，在吃和住都很艰苦的生活状态下，手把手地传帮带技术与管理，每天工作达10个小时。因租赁的车间没处休息，老师们的腿都站肿了。2个月后，所有岗位全部顺利交接。妇女扶贫车间，被全国妇联授予"全国妇女手工培训基地"荣誉称号。灵武市与全国妇女手工编织协会协调成功对接扶贫车间，为宁夏生态移民扶贫做出了新的探索。车间正常生产后，国务院扶贫办两次来到厂区调研，并将这一精准落地、扶贫建厂、村头就业的经验在全国宣传推广。

7个月后，厂内工人稳定，订单满负荷，新建的占地5亩扶贫工厂一期已完毕，厂房面积3300平方米，扶贫工厂先后招了300名妇女实现就业，人均月收入2000元以上。第一批招收的76名妇女已顺利签订劳动合同，这意味着首批员工实现了"老有所养、老有所依"。

为了使扶贫工作持续、良性地进行下去，陈元綵又在全国妇联领导的指导与鼓励下，引进温州爱心企业家到甘肃西和县

投资建设妇女扶贫工厂。在全国妇联扶贫小分队的帮助下,针对西和贫困妇女掌握手工技术较少的特点,县扶贫办研究后表示出资对新招工人进行培训。西和地处边远,观念落后,对接扶贫车间到村头,中间经过许许多多周折,但陈元绎在贫困地区给贫困妇女找脱贫之路的初衷始终不变。如今,这个加工出口服饰的车间已建成,年出口额约1000万美元。西和县领导高兴地说,这个工厂的落地打破了西和美元出口为零的历史。

结合多年编织培训扶贫经验,在妇联领导和姐妹们的鼓励下,陈元绎主编了《巧手脱贫百问百答》一书,该书被各级妇联推广学习。陈元绎也被评为2017年度"全国城乡妇女岗位建功"先进个人,同时被北京市政府授予2017年"首都道德模范"的荣誉称号。

"良好的精神状态,是做好一切工作的重要前提。"现在,订单培训在继续,公益授课在延续,扶贫工厂也在寻找下一个目标。在全国妇联的妇女脱贫攻坚工作中,陈元绎决心努力发挥全国手工编织协会副会长的作用,用自己的微薄力量和真心真情做好妇女脱贫工作。

(图文:天津市妇女联合会)

妇女干部帮扶典型案例

> 编者按：黄文秀，2019年6月16日在回乡途中遭遇山洪因公殉职，牺牲时年仅30岁。她立志用知识改变家乡贫困面貌，把青春和一生都献给父老乡亲和故乡热土的故事感动了中国。
>
> 国家主席习近平对黄文秀同志先进事迹作出重要指示强调，黄文秀同志研究生毕业后，放弃大城市的工作机会，毅然回到家乡，在脱贫攻坚第一线倾情投入、奉献自我，用美好青春诠释了共产党人的初心使命，谱写了新时代的青春之歌。黄文秀同志牺牲后，全国妇联追授其全国三八红旗手荣誉称号，中宣部追授其"时代楷模"称号。
>
> 本文系黄文秀生前在中国扶贫网上发表的文章。

扶贫，从"新手"到"熟路"

广西壮族自治区百色市市委宣传部 | 黄文秀

2019年3月，全国"两会"召开，习近平总书记在参加各省代表团审议时多次谈到脱贫攻坚。在参加甘肃代表团审议时总书记强调，"脱贫攻坚越到紧要关头，越要坚定必胜的信心，越要有一鼓作气的决心，尽锐出战、迎难而上，真抓实干、精准施策，确保脱贫攻坚任务如期完成"。作为脱贫攻坚一线的基层干部，学习习近平总书记的讲话精神，我深有感触。

2019年3月26日，我担任百色市乐业县新化镇百坭村驻村第一书记刚满一年，一年来，我坚持带领群众学习贯彻习近平总书记关于扶贫工作的重要论述，坚持吃住在村，摸透村情民

意，团结党员群众，以昂扬的斗志、饱满的热情、旺盛的干劲，带领村"两委"干部如期完成百坭村2018年的各项脱贫攻坚任务，从一名扶贫"新手"变得"轻车熟路"。

"新手"如何"上路"

在我驻村满一年的那天，我的汽车仪表盘的里程数正好增加了两万五千公里，我简单地发了一个微信朋友圈："我心中的长征，驻村一周年愉快。"

还记得初到百坭村的情景，那时候我还是一个从没有接触过农村工作的"新手"。为了贯彻落实习近平总书记一直强调的"坚持精准扶贫、精准脱贫，找到问题根源，增强脱贫措施的实效性"，为了全面掌握百坭村的致贫原因和现状，我坚持用土办法，对村内的贫困户开展遍访工作，认真查找问题并听取民情民意。

但是全百坭村一共有195户建档立卡贫困户，分散居住在几个不同的山头，对于我这个不熟悉地形的"新手"来说，要在最短时间内掌握全村贫困户的详细情况，是非常困难的。但我没有失去信心，想起了那句话——"让扶过贫的人像战争年代打过仗的人那样自豪"，长征的战士死都不怕，这点儿困难怎么能限制我继续前行？！

到了驻村第二周的周末，我将车子小心翼翼地开到村里，正式开始我的扶贫之"路"。作为村里首位女第一书记，村民对于我的到来都表示怀疑。"之前来了这么多书记，全都是来村里镀层'金'就回城里升官了，你这个小年轻估计也是来走个过场的，我们跟你聊了也没用。""跟你说了你能帮我们解决问题吗？来了这么多第一书记都没让我们村富起来，你一个女娃娃就能行？别在这儿耽误工夫了，赶紧回城里享福去吧。"……听到村民们这么说，我觉得心里憋屈，搞不懂为什

么我辛辛苦苦地翻山越岭、走街串户，老百姓们却对我这么排斥。

我找到了村里的老支书向他请教，老支书语重心长地对我说："黄书记，你刚来老百姓们对你还不熟悉，他们不愿意与你深聊，你也要理解他们。农村其实就是个熟人社会，老百姓们跟你熟了，自然就接纳你了。"如何才能跟老百姓熟起来，那天晚上回到宿舍我一宿没睡着。要想让老百姓愿意接近我，就得让老百姓觉得我和他们是一样的。

从那以后，我到贫困户家不再拿着个本子问东问西，而是脱下外套帮贫困户家扫院子；贫困户不让我进家门我就去两次、三次；贫困户不在家我就去田里，边帮他们干农活边聊天，时间久了村民们见我见得多了，开始慢慢地接受我："你这个女娃娃还真是难'缠'得很哩！"不少贫困户跟我开玩笑说。

经过两个月的摸底，我基本掌握了全村概况，百坭村共有472户2068人，建档立卡贫困户195户883人，2017年未脱贫为154户691人，因学致贫和因残、因病致贫占比最高。

除了走访全村的贫困户之外，我还有针对性地走访了村内党员、退休村干、退休教师以及各村屯的小组组长。他们反映最为集中的一个问题就是山上片区5个屯的通屯道路硬化问题。这5个屯在2014年已经修通通屯的砂石路，但南方雨季长、雨量多，多处路段砂石已被雨水冲刷流失，一下雨路面就泥泞不堪，坡度较陡的路段雨季摩托车都不能通行，还有一些路段因泥石流、滑坡等出现了垮塌。这不仅影响了附近群众的交通出

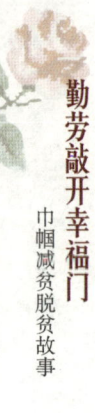

行,还有一个关键问题,全村的产业都集中在这5个屯的范围内,显然,基础设施的完善对百坭村的发展至关重要。对于群众反映的这些问题,我都一一记录在驻村日记中,并向上级相关部门反映情况。今年,除了两条路已达到通屯道路标准没有列入之外,其余3条路已列入乐业县2019年第一批财政专项扶贫资金安排项目。

习近平总书记关于"六个精准"的论述一直是我开展扶贫工作的方法论,为了实现"帮扶措施"精准,按照县里的统一要求,我在村内组织召开了多轮的研判会,针对全村未脱贫户、已脱贫户,每一位结对帮扶干部就自己帮扶贫困户的收入情况、产业发展情况进行汇总。对于已脱贫的贫困户也不能降低帮扶力度,继续做好跟踪帮扶工作,同时建立返贫预警机制,巩固脱贫成效;对于未脱贫户则是因户施策,杜绝虚假和"数字"脱贫。同时,同步做好国家扶贫政策的宣传,提高群众的"知晓率"和"获得感"。

"我也要让家里的孩子在大学里申请入党"

和村民渐渐熟悉之后,他们开始好奇我为啥要跑到农村来工作。有一次,在全村最远的长沙屯走访结束后,该屯的黄仕京坚持要留我们在他家一起吃晚饭。黄仕京家有5口人,父亲已经84岁,大儿子是广西民族大学大二学生,小儿子则于2018年7月考取了广西医科大学,家庭开支主要依靠销售家里种植的八角和农闲时黄仕京外出务工维持,家中因学致贫。我了解到情况后及时为他家申请了雨露计划，一次性获得了5000元的补助，解了他家的燃眉之急。饭间，黄仕京突然问我："书记，听大家说你也是大学毕业，还是北京回来的研究生，怎么会想要到这么边远的农村工作呢？我的孩子以后也会面临着找工作问题，我真的好奇你当初的选择。"

我思考了片刻对他说："百色，是一个集革命老区、少数民族地区、边境地区、大石山区、贫困地区、水库移民区'六位一体'的特殊地区，是全国脱贫攻坚的主战场之一，作为自己的家乡，面对如此情况，怎么还有理由不回来呢？一位世界著名的社会学家说过：'一个国家的落后，首先是精英的落后，而精英落后的标志就是嘲笑民众落后。'我们党深刻明白这个道理，从而提出要教育扶持一批人脱贫，并且扶贫要扶志和扶智，这样一个切实为群众谋发展、谋福利的党，怎么能不响应她的号召呢？"同桌的老人家听了我的话后，当场端起酒碗向我敬酒，表示也要让家里的孩子在学校申请入党，以后让孩子回家乡。听到他的话，我心里非常感动，自己的工作能够让群众真切感受到共产党的好，对我来说是非常大的鼓舞。

2018年行驶过的扶贫之路，对我而言更像是心中的长征，这条路上我拿出了极大的勇气和极大的信心，克服各种困难，带领全村2018年通过易地扶贫搬迁脱贫18户56人，教育脱贫28户152人，发展生产脱贫42户209人，共计88户417人，完成了屯内1.5公里的道路硬化，4个蓄水池的新建，一个屯17盏路灯的亮化工作，村集体经济收入实现6.38万元，获得了2018年度"乡风文明"红旗村荣誉称号。

截至目前，全村还有15户56人未脱贫，百坭村的基本公共服务还有待建设完善，如何推进产业发展还需继续谋划，但面对这些，我充满信心，我将一如既往地坚持贯彻落实习近平总书记关于扶贫工作的重要论述，坚持目标标准不动摇，贯彻精准方略不懈怠，行百里者半九十，不搞急功近利，杜绝形式主义，继续加强农村基层党组织建设，继续增强群众获得感、幸福感、安全感，为百坭村如期打赢脱贫攻坚战、如期和全国同步进入小康社会做出新的贡献。

（图文来源于互联网）

点燃希望的火种
照亮自己　温暖他人

记河北省邢台市妇联张卉

河北省广宗县是国家级贫困县，赵伏城村是邢台市妇联帮扶联系点，位于广宗县城东5公里处。全村500户1858人，行政区域面积4100亩，耕地面积3117亩，沙土地质，村民收入多以传统作物种植和外出打工为主。全村党员32名，村"两委"班子由5人组成。村民代表66人，村内有村民活动中心1个，公立小学1所。2015年年底，建档立卡贫困户123户375人。

2016年年初，全省开展精准脱贫攻坚行动，号召机关企事业单位派驻工作队深入基层一线扶贫。邢台市妇联青年干部张卉毅然报名。对于下乡驻村，张卉有自己的一套"经验"，但这次担当"第一书记"，成为单位基层帮扶联系点的主要负责人，肩上这份沉甸甸的责任让她对能否完成好这次的任务有了更深入的研究和思考。

初到赵伏城，让张卉始料不及、印象深刻的不是"穷"，而是"质疑"。从村班子、党员干部到村民老百姓，大伙对妇联这个"穷"单位、对平均年龄不到30岁的这支扶贫队伍、对她这个35岁的"女书记",能否待得住、能干什么、会干什么充满了质疑。张卉和扶贫队的战友们出征前,曾面向党旗庄严宣誓:"牢记市委重托、不负人民期望,夙兴夜寐、激情工作,咬定目标、苦干实干,坚决打赢脱贫攻坚战!"她有决心克服困难,有信心完成任务。

张卉一头扎进村里,与群众同吃同住同劳动,跟班子成员并肩作战,会的就干、不会的就学,扑下身子走村入户,以"小学生"的姿态,坐热"冷板凳",向村干部学习、向党员讨教、向群众问需、向实践要真知。在微信朋友圈看到邻县清河县妇联举办家庭教育讲座的通知公告,触发了张卉创办讲堂聚集妇女群众传播新知识正能量的想法,这个想法得到市妇联陈冰主席和清河县妇联孙翠娟主席的鼎力支持。陈主席专门为讲堂题名"赵伏城母亲教育讲堂",孙主席在清河活动结束后专门将老师一路护送到赵伏城村。"母亲教育讲堂"为张卉工作队两年扶贫工作打开局面奠定了里程碑的意义。

妇女群众走到哪里,妇女工作就开展到哪里。扶贫队同时开办了"赵伏城母亲教育讲堂"微信群,开辟了"妇"字号"众'志'成'城',最美赵伏城"美篇宣介平台,将"辅智+扶志、产业+文化"的扶贫理念,将苦干、实干、巧干的赵伏城精神,将线上线下的学习培训做深做实做细做小。张卉还参加全市"互联网+扶贫"电子商务培训,她将两天的封闭培训利用微信群进行实时直播,让更多的人获悉消息、获取信息,以期使学习效益最大化。她还对村里现有的6家超市门店逐个进行摸底走访,从经营情况、地理位置、经营者素质及项目意愿等方面考察资质，向县商粮局呈报《葫芦乡赵伏城村关于引入农村淘宝服务站项目的申请报告》，争取到"邮乐购"项目。

在赵伏城工作的日日夜夜，齐心合力互帮互助的点点滴滴，让张卉这个"城里人"走进了赵伏城村民的视线里。班子认可、村民认可，是她驻村头3个月的汗水、口水、苦水换来的，这味道如今再品起来，比蜜还甜。

和大多数农村相似，赵伏城村留守的多是老人、妇女和儿童。妇女是精准扶贫的重点对象，也是脱贫致富的主力军。妇联部门真正能给群众带来什么？产业扶贫、资金扶贫、物质扶贫、项目扶贫都仅仅是解决了生活问题，而在给钱给物、产业致富的基础上，如何能够把"幸福"给到群众，如何调动农村内生动力，引导群众打开封闭落后的思想，焕发劳动创造的热情，追求美好生活的向往，正是妇联部门现如今扶贫着力点的根本所在，这也是工作队重点要做的。可以说，抓住了妇女就抓住了扶贫的主要方面，将妇女从守旧思想中解放出来，提升就业创业的素质和能力，帮助妇女群众增强"幸福感"，获得处理各类关系、解决生产生活中矛盾问题的能力，就找到了"妇"字号扶贫方式的切入点。

张卉和扶贫队员从建好用好"赵伏城母亲教育讲堂"入手，在帮扶村先后搭建了市女企业家协会项目援建平台、天根文化社区青少年家庭教育平台、邢台市第一医院党员志愿者医疗卫生服务健康平台、邢台女德学堂育人化风推进和谐村风文明养老平台、万事帮家政服务公司免费培训免费发证免费安排推荐工作劳动技能帮扶平台和深圳荣格科技集团"爱的力量"教育中心传统文化公益学习六大公益服务平台，形成"1+6"精准扶贫工作格局。一批批女企业家、巾帼志愿者、传统文化义工老师走进赵伏城，一次次社会爱心人士志愿公益、无私付出的辛苦劳作，一期期讲堂的学习，一场场身边人的交流分享，像春风春雨，润化、温暖、滋润了赵伏城人的心田，感召着群众崇德向善、奋发图强的勇气、志气和才气。母亲教育讲堂开办中华优秀传统文化学习示范分享，融入了家庭教育、家政培训、义诊、项目观摩、奖励式外出学习参观、手语舞、旗袍秀、形体训练、环保酵素制作等学习活动。20名大讲堂优秀学员成为优良村风建设的带头人，留守老人、妇女、儿童生活环境明显改善。妇女们从开始的窃窃私语、扭捏躲闪，到主动自发地组织起来成立传统文化学习分享群，建立广场舞和义工志愿者服务队，还专门到市妇联机关去分享学习心得，使妇女从守旧思想中解放了出来，提振了精神、打开了视野、开阔了眼界，改变了为人处世的方式，增强了感知"幸福"的能力，提升了生活的品位。而更大的改变在于帮扶村人与人关系的改变，婆媳关系的改变、妯娌关系的改变、姐妹关系的改变、邻里关系的改变、亲子关系的改变。这既是"妇"字号扶贫的起点，也是群众得实惠、扶贫显成效的落脚点，在"辅智、扶志"和"树德、立魂"的过程中实现了真正意义上的脱贫。实践证明，精神扶贫是更重要的扶贫方式，它让赵伏城的村民群众在物质发展的同时享有了更多的获得感。

妇联的扶贫是"一把手"工程，倾注了妇联组织上上下下的付出和心血。村民李素卿爱人脑溢血后成了植物人，她自己患高血压，常年用药，儿子正上中学，家中全靠她种几亩地支撑，困窘的生活一度让她失去信心。张卉主动走进李素卿的生活，宽慰她、鼓励她，及时将她的情况向单位汇报，陈主席亲自过问，并通过妇联系统帮李素卿申请了创业项目资金。李素卿靠打竹帘每天就可以收入几十元，解决了她孤独无助无力供养儿子上大学的难题。李素卿在赵伏城村"感恩一切"2017年新春团圆拜年会上，颤抖着双手捧着写给市妇联的感谢信，说道："市妇联，解困难，给希望，送光明！"陈冰主席说，要通过"扶贫结亲"的方式拉近和群众之间的距离，把心贴在一起，心跳在一起；还要继续弘扬中华优秀传统文化，去点亮我们每个人心里的那盏灯，让日子跟灯光一样亮堂，照亮自己，温暖他人……

（图文：河北省妇女联合会）

为贫困村开出"治病良方"

记山西省吕梁市妇联刘小艳

"村里的学校全凭咱刘书记了,自从刘书记来了后,培训了老师和家长,修了学校的餐厅,配备了读书的教室,给娃娃们发了校服,发了爱心生活包,眼看着原来只有几十个人的学校,现在有了200多个孩子,一天天生龙活虎的,学校好了,整个村里才有生气。"提起村里的第一书记刘小艳,双塔村里的人们第一个就会想到双塔小学。

一年多前,当刘小艳来到临县三交镇双塔村任第一书记时,2700多人的村里,村办小学学生不足百人,老师中除了校长外,全部都是临时教师。一样的为人父母,自己的孩子也在上学,刘小艳的心中百感交集:必须尽自己所能给孩子们提供一个相对规范的学习环境。刘小艳8月14日到任,8月18日,在派出单位吕梁市妇联的支持下,双塔小学的老师一行10人来到了吕梁教育学院,从汉语拼音的标准发音到数学课堂的趣味设计,从班主任的学生管理到如何引导学生爱上学习,教育学院教授们专业的辅导让双塔小学的老师们大开眼界、受益匪浅。

家庭是孩子成长的重要课堂。在培训老师后,刘小艳第一时间与山西省妇联儿童部联系,邀请山西省网上家庭学校刘生勤老师为双塔小学的家长普及家庭教育知识。"从来不知道当家长还有方法,平日只知道让孩子吃饱穿暖,假若孩子学得好,咱使劲儿挣钱供,一旦孩子学不好,那是他的命,没法儿。原来做家长也有这么多学问,以后要经常听这些专家们讲一讲,原来不是咱的孩子笨,是当家长的笨。"听完讲座后,家长刘改兰感慨道。

在老师、家长的共同努力下,当年,双塔小学的学生人数突破200人,许多在外就读的孩子也回村读书来了。2016年,刘小艳又积极协调争取,为双塔小学修建了学生餐厅,捐建了亲子阅览室;为每个孩子发放了校服、爱心生活箱。学校的气象蒸蒸日上,学习的氛围越来越浓。

刘小艳接连走访了双塔村所属的严家焉自然村的村民后,发现村民们最大的愿望就是能吃上水。这里的山路蜿蜒曲折,村民要去很远的井口挑水。挑一次水,除去路上的时间,等

待蓄水的时间长达40分钟，60厘米见方的井口堆积着灰尘、树叶，时不时还有青蛙来捣乱。刘小艳和村负责人找相关单位协调，几经周折，2016年11月，严家焉自然村的水利工程终于动工了，村民们自告奋勇地抬水管、挖管道，欢喜之情溢于言表。但当知道县水利局项目款只能为村里建四个供水点时，刘小艳刚刚放下的心又提了起来："村里都是60岁以上的老人，以后怕是供水点提水都会成困难的。"不行，得再想想办法。刘小艳找县水利局规划路线、测算支出，征求乡镇意见，最终市妇联李晓娥主席同意由单位出资，补足水利局从供水点到入户的资金缺口，让村民在家中吃上自来水。看着干净卫生的自来水直接流到了自家的水缸里，村民严全荣高兴地唱道："村里来了个好书记，家中吃上了自来水，吃水不忘刘书记，送得锦旗感谢去。"

授人以鱼，不如授人以渔。精准扶贫关键是产业，双塔村仅2016年建档立卡贫困户就有212户601人，是个不折不扣的贫困大村。如何精准到户、精准到人，因户施策是扶贫工作取得实效的关键所在。村民文化程度低，无劳动技能，就业创业机会少是致贫的原因之一。针对此，借吕梁山护工培训的东风，刘小艳在村内积极宣传进行动员，2016年7月，主动带领薛海梅等5名妇女去培训。"这一个月出去，不但没有花一分钱，还长知识了，家庭护理、老人陪护、婴儿产妇护理、家居保洁、家庭烹饪……从来没有觉得侍候月子、陪护老人，还有这么多学问。回来收拾收拾，等孩子们开了学，咱也和月嫂公司联系一下，出去打工挣钱去，不比男人们挣得少。"薛海梅一从吕梁卫校学习回来，就迫不及待地宣传月嫂培训的好处，动员更多妇女参与到护理护工的培训中去。在动员下，年内先后有24名妇女参与了吕梁山护工培训。

铜器灶具加工是双塔村几百年来的传统手工业，近年来，因市场竞争激烈，加上散户加工制作工艺粗糙，技术含量低，经济效益不太理想，随时有被市场淘汰的可能。为了提升市场竞争力，刘小艳主动召集村内有意愿继续从事这方面加工的农

户，共同协商探讨出路。最终决议，一方面，依托武家沟铜文化有限公司，为其注入政府扶贫专项资金和市妇联扶贫专项资金共计22万元，利用公司加农户的形式，村内25户铜器加工户为公司提供统一标准的订单加工，网上网下品牌化经营。另一方面，由市妇联出资，资助村内4名妇女赴浙江义乌学习电商知识，引导鼓励多渠道销售，多方位增收。同时，整合40万元整村脱贫资金、市妇联帮扶工作队和第一书记扶贫专项资金7万元，在利用村内现有能人大户养殖的基础上，充分征求村民意见，在保留集体股权后，按照贫困户户数，对47万元资金进行了分配，每户分得股金1740元，按照年收益不低于10%的标准，2016年，村内203户贫困户，共分得分红款35322元。群众在得到实际利益后，一方面主动发展养殖业；另一方面为合作社注入更多资金，通过发展壮大合作社规模，实现更大程度的增收。加上退耕还林、劳务输出、红色旅游等方面的产业，2016年，贫困户收益大大提高，人均可支配纯收入达到了3250元，双塔村摘掉了多年的贫困帽。

对于今后双塔村的发展，刘小艳信心百倍。

（图文：山西省妇女联合会）

哈海沟村群众的贴心人

记内蒙古自治区通辽市妇联周月飞

"为美丽乡村建设出力是幸福的,为基层群众服务是快乐的。"周月飞不仅是这样说的,更是用一点一滴的实际行动,诠释出这句话的真正内涵。

2014年8月,通辽市妇联发展部部长周月飞被市委任命为市妇联派驻库伦旗六家子镇哈海沟村扶贫增收工作队队长。这意味着此后的4年内,她的肩上多了一份沉甸甸的责任。2015年8月,她又被任命为哈海沟村第一书记。驻村两年来,她柔肩挑重担，以敬业的责任意识，务实的工作作风，把满腔的热情和真情投入驻村工作的每一件实事中。

周月飞刚一上任，就拜群众为师，和工作队队员挨家挨户走访调研，走遍了哈海沟村常驻的128户，逐户建立了信息台账，分类建立了贫困户、单亲留守儿童、大学生、空巢老人等8个信息库。走访中，察民情，解民意，问民需，帮民忧，梳理出意见建议和困难问题11条。两年来，她入户走访已成常态，拜访户数达500余户次。她坚持撰写民情日记，在记录本上，详细地记录着村里的大事小事。她说，只有对群众关心的热点难点问题和村务重点工作摸清摸准、心中有数，才能增强工作的针对性和实效性，更有效地做好农村工作。

作为村第一书记，周月飞以村为家，与民为亲，和村民同吃同住同乐同劳动，互相探讨增收致富门路，一起参加义务劳动，共同参与文娱活动。她牵头组建哈海沟村文娱队、巾帼志

愿服务队、党员志愿服务队，创建村民微信交流群和党员交流群，群内人数近80人，线上线下真情帮扶、紧密沟通、交流学习，拉近了与村民群众的距离，增进了彼此的感情和信任。她发动广大妇女和家庭积极投工投劳，在修路、砌墙、植树、种花、危房改造、环境保护等各建设环节中，积极配合，主动参与。巾帼志愿服务队、党员志愿服务队先后开展卫生清洁、绿化美化、关爱帮扶等服务活动20余次，为共同建设美丽家园、和谐乡村作出了贡献。引导广大家庭积极参与以"三化""五美"为主要内容的"美丽庭院"创建活动，召开哈海沟村"美丽庭院"创建推进会，将创建办法和评分标准发放到所有家庭，成立"美丽庭院"检查组，逐户督查验收。对于达标家庭予以奖励，要求不达标家庭进行整改再验收。每半年择优评选"美丽庭院"示范户予以表彰挂牌。出资2.5万多元购买环保垃圾桶、文化宣传栏、洗衣液，定制围裙、环保袋、挂历、储物袋等日用宣传品，激发广大家庭参与"美丽庭院"创建热情。

针对村民守旧狭隘等落后思想和村民文化生活匮乏等状况，周月飞通过座谈交流、入户走访、结对指导、活动引领、教育培训等办法，抓班子建设，抓村民思想转化。七次邀请创业、法律、科技、农牧、健康等方面巾帼宣讲团成员进村宣讲培训，引导村民转变落后思想和不良习惯，克服"等靠要"思想，树立荣辱意识、自立意识和发展意识。推动市妇联出资2万多元为"妇女之家"购置电脑、打印机、投影仪、音响、秧歌服、锣鼓等物品，协调有关部门为村里配置了篮球架、乒乓球案等体育设施，建成了一个丰富群众文化生活和精神生活的、受广大家庭喜爱的温暖之家。

周月飞与市妇联全体干部职工多次走访慰问困难家庭，先后发放慰问金及米面油、奶粉、学习文具等救助物资12万多元，救助帮扶87户（次）困难家庭、90多名儿童，送去党和政府的温暖。她还借助妇联"联"字优势，调动社会力量扶贫，组织30余家企业和部门出资出力，为村民送资金、送物资、送项目、送健康、送关爱、送技能、送岗位、送知识，受益村民达640多人次，投入资金总额达47万余元。

周月飞配合"三到村三到户"项目，为40户家庭争取到中国妇女发展基金会40万元母亲创业循环金项目扶持养牛产业。2017年，又向妇基会提出了50万元母亲创业循环金申请，帮助村民解决生产资金难题；选派养殖能手参加全国农产品女经纪

人培训班，培育致富带头人；组织妇女通过党员先锋网在线学习新型职业女农牧民培训；邀请专家就测土配方科学种田和农作物病虫害防治知识，对村民进行培训；引导村民积极调整产业结构，开展手工、家政、电商、芽苗菜种植等就业培训，把种养殖和居家灵活就业、发展庭院经济有效结合。协调女企业家捐资10万元设立发展生产扶持金，发展适合本村实际的产业项目。

周月飞发挥妇联干部联系妇女、贴近家庭的优势，把社会主义核心价值观落实、落细、落小到家庭，发动全村广大家庭参与家庭文明创建活动，开展"好婆媳""孝老爱亲"等"最美家庭"评选表彰活动，以和谐家风促文明村风建设。

为充分调动村班子成员的积极性、创造性，提升战斗力和服务意识，作为第一书记，周月飞牵头和包村镇干部一道，每月与班子成员进行一次恳谈交流，听取一次工作汇报。同时，配合六家子镇党委，抓好党员队伍建设，夯实村基层党建工作基础。定期开展党员志愿服务活动，每月至少开展一次集中服务活动。引导全村12名党员增强党性意识，自觉发挥先锋模范作用。

寒来暑往，周月飞把全心全意服务的理念融入为哈海沟村群众默默地奉献中。"一分耕耘，一分收获"，她获得了百姓的爱戴，组织的认可，每到村里，与群众相簇相拥，谈笑风生，亲如一家。但她时刻提醒自己要再接再厉，一如既往地奋斗奉献，不辜负群众的期望，组织的信任。

(图文：内蒙古自治区妇女联合会)

真情助困　躬身为民

记辽宁省北票市妇联程伟

程伟自2016年6月任北票市妇联主席以来，找准妇联组织参与精准扶贫、妇女群众精准脱贫的工作着力点，引领广大妇女在打赢脱贫攻坚战中，更好地发挥"半边天"作用。

程伟坚信真情换真意，经常到贫困户家中走访交流，让贫困户感受到了尊严，让贫困户鼓起了生活的勇气，树立了战胜困难的信心。一是在党员牵手贫困户活动中，组织巾帼志愿者为贫困户收秋、修建房屋、清扫屋内外卫生，并捐献物资3万多元。二是以"德耀北票"行动为契机，从妇联系统开展"寻找乡村母亲精神"活动。2017年春节期间，先后到基层走访16位贫困母亲，为每家送去过年用的灯笼、对联、米、面、油、鸡蛋等价值近千元的物资。三是关爱留守儿童。组织开展"代理妈妈"活动，动员巾帼志愿者一对一结对留守儿童，组织"代理妈妈"见面会，与留守儿童一起过新

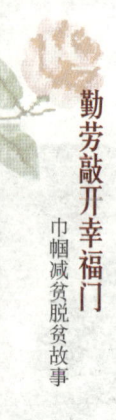

年包饺子,并为孩子们送去新年礼物及学习用品。从上级妇联组织争取48万元专项资金、24万元设备款,为北票市建立省级"妇女儿童之家"4处、市级"妇女儿童之家"2处;争取到中国儿童少年基金会10万元资金,建立"儿童快乐家园"一处,作为留守妇女儿童的学习活动场所。四是开展健康帮扶,开展农村妇女"两癌"救助项目,为28名患病贫困妇女发放28万元救助金;推进"母亲健康"工程,发放救助金2.5万元。

程伟把产业扶贫作为妇联组织参与脱贫攻坚工作的重点,从政策、资金等方面积极引导支持贫困妇女结合当地实际,发展符合自身实际、具有市场潜力的创业项目,做到创业一人、脱贫一户。一是成立巾帼创业主体联盟,创新提出"四个一+"扶贫模式(一个联盟+N个创业女性、一个女企业家+一群女性、一个合作社女倡导人+同一产业女性、一个女能手+同村女性),扶持妇女发展农民合作社、家庭农场、专业大户、

农事企业等，实现信息共享、技术交流、产销对接、抱团发展。二是扎实做好妇女小额贷款工作。2016年，共为1620户群众发放小额担保贷款12084.5万元，有效解决了农村妇女创业发展资金短缺的问题。三是做好"贫困母亲致富工程"，为78户单身贫困母亲争取上级部门扶

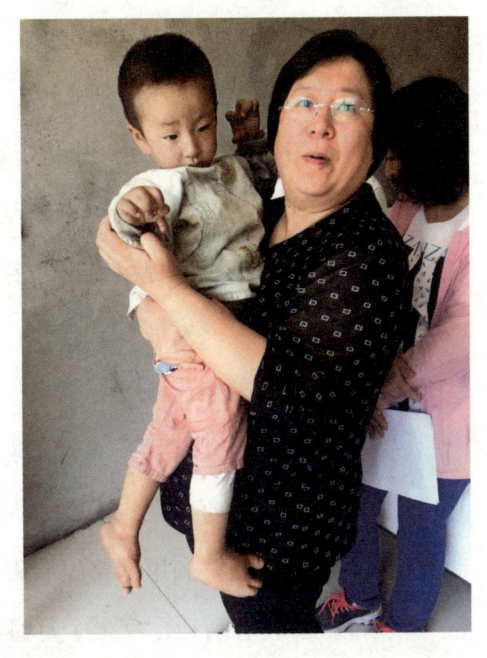

贫资金15.6万元；为三宝手工编织中心提供巾帼循环金5万元。

程伟带领各乡镇妇女成立了巾帼创业联盟合作社，践行"技能提升有学处、学成就业不用愁、家庭脱贫有出路"的理念，使贫困妇女掌握一技之长，改变贫困妇女"等、靠、要"的错误理念，让她们用自己勤劳的双手去改变现有的生活状况，真正走上脱贫致富的道路。一是开展手工艺品培训，聘请手工制作致富带头人郭文丽授课，提供编织材料，确保每位参与培训的贫困妇女都能够掌握技术要领。同时，对产品实行"统一制作、统一回收、统一销售"，让贫困劳动者在家门口就业，做到顾家、致富两不误。二是开展月嫂培训工作，聘请有教学经验的教师为贫困户授课，从月嫂职业道德与家庭礼仪、妊娠及哺乳期安全用药、产褥期保健知识及常见问题处理、母乳喂养指导、产后康复、新生儿保健知识和护理技能等20多个方面进行

培训。三是为17个乡镇的建档立卡户现场讲授畜牧养殖和农业种植技术，现已培训10个乡镇，培训建档立卡户565人。

程伟积极发挥网络在脱贫攻坚中的作用。一是拓展"互联网+"创业渠道，依托创业就业服务网，搭建电子商务平台，为新创办的小企业提供有利于存活、发展的服务和空间环境，通过孵化培养、发展壮大、推广扩面、辐射带动，最后实现共赢反哺。二是构建"智慧妇联"网络宣传体系，支持女性在电商微商领域实现自我、成就事业，全面展现女性创业成果，宣传女性电商微商典型，发挥示范带动作用，鼓励更多妇女实现网上创业就业。利用网络平台开展"小包裹大爱心圆梦2017"精准扶贫暖心活动，仅半个月时间就累计收到爱心包裹699件，将爱心包裹邮寄给贫困山区的家庭和留守儿童，为他们献出一

份爱心。三是在网络上开展寻找"北票乡村母亲精神"活动。通过与省摄影家协会合作，在腾讯网和其他媒体进行报道，宣传北票乡村母亲事迹，让贫困母亲的现状引起社会的关注，树立女性自尊自信自立自强精神，激发参与脱贫攻坚的内生动力，靠自己的辛勤劳动兴家立家，实现自身价值。

程伟用行动证明，只有走到困难群众的家中，用真心扶贫，关心贫困户的冷暖变化，给他们尊重，寻找他们身上的闪光点，引起社会对他们的关注，使贫困户真正地感受到党和政府以及社会各界对他们的关心和帮助，让他们对党抱有感恩之心，让贫困户从内心迸发出脱贫致富的信心和决心，才能为实现最终脱贫夯实基础。

（图文：辽宁省妇女联合会）

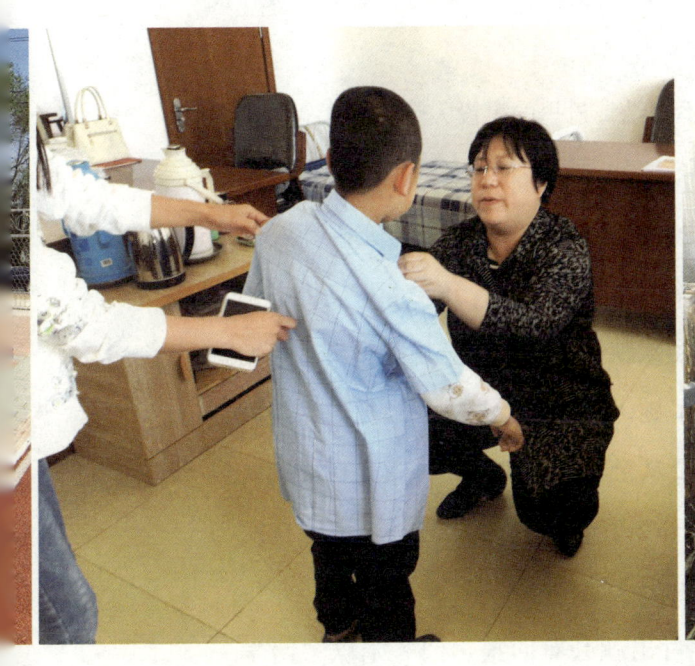

曙光村来了"娘家人"

记吉林省通榆县妇联闫秀娟

"丫头,你大爷今儿个去赶集买肉回来了,中午过来吃饺子……"这是曙光村五保贫困户桑大娘邀请村第一书记闫秀娟到家吃饭。2016年1月,闫秀娟来到十花道乡曙光村担任第一书记。到任后的第一天起,闫秀娟就俯下身子,不怕苦,不怕累,用爱心和细心把件件实事都做到了群众的心坎上,被村民们亲切地称为"娘家人"。

曙光村原来村干部不团结,村里的事没人管,群众怨言多,村党支部形同虚设,是多年的"老大难"村。闫秀娟记忆最深的就是第一次党员见面会,寥寥无几的党员,充满怀疑的眼神,不着边际的交谈,略带讽刺的言语,还没等村支部书记宣布会议开始,大家就已经默默离场了。这一场几乎没有开始就结束的会议,深深刺痛了她。"党建就是人心,抓好党建就是抓住了人心,我的工作要从全村的党员开始,曙光村要脱贫致富,要从抓好村级党建开始。"这就是她当时心境的真实写照,也是她驻村工作的真正起点。

功夫不负有心人,付出就会有回报。闫秀娟以"两学一

做"活动为契机，组织村"两委"成员与党员认真开展批评与自我批评，深入查找自身不足，明确整改措施和整改方向。结合曙光村实际情况，她帮助村里建立健全了"为民服务代理制"、村干部坐班等各项规章制度，完善议事规则和决策程序，推进村务、财务、重大事项公开，坚持用制度管人管事。她设计制作了党建宣传栏，使曙光村各项工作逐步走上制度化、规范化，村"两委"班子的凝聚力和战斗堡垒作用明显增强。

"我是农民的女儿，能够回到农村工作，是我回报乡亲们的好机会，我一定要为乡亲们干点儿实事。"闫秀娟是这样说的，也是这样做的。在驻村的300多个日日夜夜里，她跑遍了全村每个角落，走家串户，把熟悉村情作为驻村工作的第一步。"全村555户1177口人，其中精准扶贫建档立卡贫困户162户284人……"全村162户贫困户的基本情况，闫秀娟都能如数家珍，一一道来。

因病、因残、缺少劳动力是曙光村贫困户致贫的主要原因。在摸清"底子"后，闫秀娟根据每户的实际情况，一户一策，精准帮扶。那天走访到五保户桑玉娥老人家里，一进屋，大家就看见老人家躺在炕上，脸色苍白，病得连话都说不出来。她们迅速将老人送到医院进行救治。经急救好转后，老人家看到病床前的闫书记，泪流满面，用颤抖的手握着她说："没想到我这辈子无儿无女，孤苦伶仃病得要死了，你却让我感觉到我还有亲人呐！"

"我是县妇联派驻的第一书记，就是曙光村妇女的'娘家人'。"面对困难群众和弱势群体，闫秀娟始终用女性的柔情去关爱、去关注，谱写爱的诗篇。她积极为贫困女孩争取春蕾助学项目，努力做到在教育上扶贫。她积极争取到价值7万元的"旗帜情·健康行"关爱婴幼儿项目，确保孩子不因家庭贫困缺乏营养而输在起跑线上。面对入冬天寒的实情，她将装有马甲、绒毯等防寒物品的"母亲邮包"发放给40位贫困母亲。她还自费为贫困户购买粮、油、棉衣等生活用品，及时将患有肠梗阻没钱治疗的高殿甲送到医院救治，并积极与医院协商免去了他的治疗费用。她组建了曙光村巾帼秧歌队，开展评选"好婆婆""好媳妇"最美家庭评选活动，让全村妇女精神风貌焕然一新。

天地间有杆秤，秤砣就是老百姓。闫秀娟把村里的事情当作自己的事，舍得吃苦，舍得奉献，把一件件实事办到村民的心坎里，成为乡亲们心中的"贴心书记"。村里道路不通，一

到雨季,东西二龙和水龙山屯的老百姓出行困难,她就和村"两委"干部多次找相关领导沟通协商,争取资金修通了太平至水龙山的村村通水泥路,村民从此告别了晴天吹灰、雨天踩泥的土路面。村里没有产业项目,她和村"两委"一起研究考察,找准了一条符合全村实际的发展道路,积极引导贫困户发展畜牧养殖业。为了改善人居环境,她带头与村干部挖坑、栽树,一起铲杂草、清淤泥……在村里工作,她总是随身带着一个驻村日记本,和群众拉家常时,总会把他们的家庭状况、所忧所思所盼写在日记里,记在心坎上。乡包村领导深有感触地说:"小闫刚到村里时,乡亲们都用怀疑观望的眼光看着她。随着时间的推移,她用实际行动打消了乡亲们的顾虑,让乡亲们知道她是真心来为村里做事的。"闫秀娟心里时刻想着群众,也赢得了群众发自内心的赞誉。

(图文:吉林省妇女联合会)

贫困村里来了领路人

记黑龙江省嫩江县妇联沈淼

"你一个女同志,当过副镇长、副书记,去贫困村当什么第一书记啊?""贫困村条件差,你能受得了吗?"2015年9月,在家人强烈的反对声中,嫩江县妇联副主席沈淼毅然来到了嫩江县海江镇曙光村,挑起了省级贫困村第一书记的重担,成为全县下派的42名第一书记中唯一一名女书记。

初上任　压力增

尽管有所准备,可到了曙光村,沈淼的心头还是一沉——村里的贫困程度远超出了她的想象:全村747户,2413口人,有贫苦户373户,766人;村集体负债200多万元;村里大部分是土房,巷道都是土路,村办公室破旧、简陋,没有图书室、文化广场,更别说产业项目了。村干部一筹莫展,整个村子也毫无生机……

此时,村里人也对这个新来的女第一书记抱着怀疑态度:"全县就这么一个女书记,还让咱摊上了。""她虽然是县妇联的副主席,可那单位也不是啥重点单位,要项目没项目,要资金没资金的。""这沈书记来了也就是装装样子,别指望她

真能给村里带来利益或真正干点儿事。"迎着质疑的目光,沈淼无形中感到了一丝压力。

人心齐　泰山移

进村第二天,沈淼就带着小本子走家串户做调查。十几天的时间,她把全村的农户走访一遍,对村里的基本情况有了大致了解。她发现,曙光村经济基础薄弱,人均耕地少,全村2400多口人,只有1.7万亩耕地;村里有低保户53人,五保户22人,残疾人62人。脱贫,是眼下亟待解决的问题。但如果只是简单的扶持,贫困户们很难脱贫,村里的面貌也不会有大的改观。当前首要任务是制订出符合实际且行之有效的扶贫措施。

"人心齐,泰山移。"若想真正干事,离不开村干部的支持。入户走访结束,沈淼开始跟村干部逐个谈心交流,了解到他们想带领村民改变现状,却苦于没资金没项目,后劲不足的心态,坚定了他们一道干事创业的决心。看到沈书记驻村以后就一头扎进来,不怕苦不怕累,一心为村里着想,村里人开始对这位实在的女书记刮目相看。

抓党建　强堡垒

一个牢固的村支部战斗堡垒是开展各项工作的基础。沈淼把支部建设摆在日常工作的首位,抓制度建设,完善各项规章制度;抓党员队伍建设,加强党员教育管理;严格规范组织生活,坚持"三会一课"、民主评议党员等制度;通过以会代训、利用远程教育资源等,定期组织党员学习,提高全体党员的理论水平和服务能力。认真组织开展"两学一做"活动,给党员讲党课,加强理论教育、廉政教育,增强责任意识。推动完善党组织领导下的村民自治,认真执行"四议两公开"。成立了村务监督委员会,党务、村务及时公开,推进了"两委"工作制度化、规范化、公开化、透明化。针对党员老龄化严重情况,沈淼指导支部制订了发展党员规划,把年轻党员、女党员、创业带富型党员作为发展的重点。2015年至今,已从致富带头人、复员军人、年轻妇女中发展党员3名,培养村级后备干部2名。

在她的带动下,"两委"班子服务方式转变了,班子活力和村干部干事热情被充分地激发和调动起来。党员素质得到整体提升,村"两委"成员履职本领、为民服务意识得到增强,为民办实事水平得到提高。她还鼓励党员发挥先锋模范作用,带头领办专业合作社带动贫困户发展。村长卢中年,党员、屯

长李双城领办的两个合作社流转了全村90%以上的耕地,释放大量劳动力从事二、三产业,加快了脱贫的步伐。

抓基础　惠民生

抓基础设施建设、促民生改善、推经济发展是村支部党建工作的着力点和支撑点。富不富,先看路;穷不穷,先看房。沈淼意识到,路、房等问题已成为曙光村发展的瓶颈,是实现整村脱贫的最大短板。于是,她跟"两委"成员研究决定,把发展产业化项目、村屯巷道硬化、泥草房改造、村文化广场建设、改善办公环境等列为当前重点工作——着手解决。目标一经确定,说话办事雷厉风行的沈淼立刻着手跑项目、筹资金。她带着书记、村长,顶严寒、冒酷暑,一趟趟地奔走于农业局、财政局、交通局、建设局、文广体新局等相关单位,"跑断了腿,说破了嘴"。几个部门的领导都被这个务实执着、一心为民的女书记深深打动了,由衷地说:"你这第一书记真够格,村里的工作比自己家的事还上心!"

在沈淼的努力下,2016年,曙光村争取到省级贫困村项目款200万元,财政专项资金70万元,在全村三个自然屯修水泥路5公里,铺设路边沟10公里。争取上级资金200多万元,改造了113所泥草房。争取50万元资金,在潘家屯修建500平方米文化广场,在曙光屯、合胜屯各建了300平方米文化广场;争取资金10万元修缮了村办公室,建起村大院、图书室,购置两台电脑、一台打印机、一台投影仪,改善了办公环境。

看着曙光村一天一个变化，村民们喜出望外，积极性被充分调动起来，村里有活动积极参加，修路时自发去现场监工。他们纷纷感叹："终于像城里人一样，出门能走在干净的水泥路上了！""茶余饭后也可以去图书室看看书，去文化广场跳跳广场舞了！""这幸福生活都是沈书记带来的。"

抓产业　促增收

基础设施完善了，可贫困村没有主导产业很难脱贫。"怎么培育一个适合曙光村的富民产业作为扶贫脱贫的治本之策呢？"沈淼意识到，曙光村离嫩江县城只有3.5公里的距离，这得天独厚的地缘优势无异于一个金饭碗。如果村支部带头发展棚菜产业，一定会带动村民增收致富。沈淼马上协调农业局，请他们在棚菜产业项目方面给予考虑和倾斜，又带领村干部争取到40.5亩地块作为棚菜基地用地。接下来，她又带领村干部

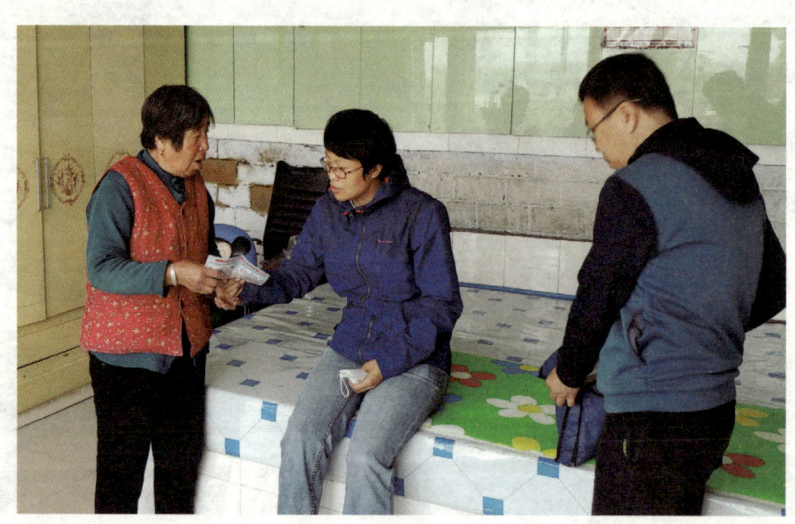

到其他棚菜基地考察取经、学习经验。

经过不懈努力，2016年7月，曙光村在省扶贫开发办申报了一个预投资430多万元的省级绿色棚菜基地项目。按照项目规划，将建8栋大棚、2个温室、一个保鲜室、一个操作间、一条1.5公里的水泥路。项目建成后，所种植的棚菜可以形成生产、加工、销售"一条龙"服务，带动曙光村村民绿色兴家，增收致富。这个项目将为曙光村插上腾飞的翅膀！

凭实干　得民心

亲自包扶贫困户，入户摸底调查、精准识别、针对贫困原因指导帮扶，动员鼓励年轻人流转土地、外出务工，发展农村电商，邀请专业技术人员对村民培训，为特困、丧失劳动力的村民办低保，为大病村民办理大病救助，对空巢老人和留守儿童进行扶助，对有创业意愿的村民进行帮助，宣传法律法规，讲解国家相关政策……沈淼马不停蹄地奔走在曙光村精准扶贫第一线……到2016年年底，曙光村的脱贫率达98%，退出了省级贫困村行列。

如今的曙光村，部分土房修缮一新，水泥路平坦宽阔，脏乱的村子干净整洁了，村民收入提高了，社会治安环境良好了，全年无上访无纠纷。村干部干事创业的精神面貌焕然一新，村容村貌发生了巨大的变化，村民都交口称赞："沈书记是咱脱贫路上的领路人，更是咱们村民的贴心人！"

（图文：黑龙江省妇女联合会）

扶贫第一线的巾帼奉献

记安徽省临泉县长官镇妇联朱芳

朱芳是临泉县长官镇妇联主席，是一个简单、平凡、踏实、能干的基层妇联干部，为巾帼脱贫树立了好榜样。

2014年10月，朱芳到长官镇柳树沟村开展扶贫工作。她对贫困户逐户开展走访调查，与村干部、党员代表座谈交流，了解核实新增户、脱贫户、核减户，准确掌握致贫原因，摸清底数，实施有针对性的帮扶措施。

结合长官镇养殖传统，2015年4月，朱芳引导柳树沟村启动了"中原牧场计划"。发动爱心企业、镇干部捐款近12万元，为145户困难群众各捐赠一只能繁母羊；为村争取能繁母羊养殖补贴整村推进项目40万元；2015年，县财政打卡11.64万元补贴能繁母羊养殖；2016年，县财政打卡12.78万元补贴能繁母羊养殖。2015年，争取省妇女创业专项资金10万元，创办了村女子养殖专业合作社，引领妇女群众创业就业，帮助村里妇女早日脱贫。2016年，争取市妇联资金13万元，建设巾帼扶贫养殖基地，为25户贫困户购买了能繁母羊入股，2016年发放入股分红2万元。为增加贫困群众收入，2016年，朱芳为村里18户贫困户进行小额信贷，分别入股于东亮无核石榴种植专业合作社和北燕木材加工厂，共发放入股分红6.48万元。

农村留守妇女儿童和老人多，朱芳争取市妇联关爱项目，投入项目资金7万元，创办了留守妇女阳光家园、心理咨询室、美丽家园讲堂，配备了电子宣传屏、彩色打印机、会议桌椅等办公物品，设立宣传栏，改善了环境，提高了为民服务效率。打造村民健身小广场，配备了音响，丰富村民的业余文化生活，受到群众欢迎。

为加快村里产业结构调整步伐，促进种植业特色化、科学化、持续化发展，2015年，依靠政府的优惠政策，朱芳为村里进行了土地流转1200多亩，引进东亮无核石榴种植专业合作社，种植富硒软籽石榴。先进的种植模式和科学的种植方法的

引进，改变了群众传统农业的种植观念，各类高效种植作物在村里落地开花，形成了特有的种植产业区，对村里的经济发展起到了极大的促进作用。2016年，又争取市妇联资金18万元，建设巾帼扶贫种植基地，为109户贫困户分别购买了10棵石榴树入股，2016年发放入股分红1.25万元。现在，村里中药材种植150亩，苗木花卉种植120亩，大棚西瓜、晚秋黄梨种植200亩，专用品牌粮食种植面积1822亩，对周边乡镇也起到极大的辐射作用。

朱芳还积极争取20家爱心单位和企业筹集物资资金200多万元，用于开展助学、扶贫、大病救治、基础设施建设、留守妇女儿童关爱等爱心活动，先后建设"亲子悦读·共享蓝天"爱心图书室、音乐教室、舞蹈教室及4套留守儿童直饮水设备。争取市妇联资金帮助困难女大学生4户、大病救助21户、困难党员20名，发放贫困女童生活补贴2万元，为58名贫困户发放慰问金

及生活用品。省女企业家协会到村关怀慰问贫困户10户，共发放慰问金1万元。

柳树沟村共有残疾贫困户35户，为了促进残疾群众脱贫，2016年3月，朱芳引导村里与临泉县亚泰包装公司对接"百企帮百村"。利用村闲置老村室建立了临泉县柳树沟村亚泰残疾人就业基地，以生产包装手提袋和手机内壳为主，提供爱心就业岗位20个，首批成功对接村残疾贫困户12户，残疾贫困户到厂就业，保底工资不少于1500元，并为就业人员购买两险，解决了残疾贫困户的后顾之忧。在村里开展"村企助乡亲，共同奔小康"扶贫就业动员会，与村春天软籽石榴家庭农场、北燕木材加工厂等8家企业对接，为村贫困户提供爱心公益岗位88个，首次成功对接32户，提供森林抚育公益岗位24个，年增收3800元。

朱芳始终把"扶贫扶志、帮助困难群众树立勤劳致富的理念和战胜困难的信心"贯穿于扶贫工作全过程，先后开展了"致富路就在脚下"讲座、"陪伴孩子健康成长"家教讲座、最美家庭先进表彰、送法进校园、共建美好家园、环保节能等近二十场关爱活动，以精神扶贫坚定困难群众脱贫致富的决心。

柳树沟村2016年成功"村出列、户脱贫"，是朱芳带领村干部熬过无数个夜、加过数不尽的班付出的结果。朱芳曾因骑着电瓶车下乡走访而摔伤，可她顾不上休息，一瘸一拐地继续走访，导致现在还经常旧伤复发，而她从来没有一声怨言，还潇洒地说："只要能帮助贫困家庭脱贫，所有的付出都是值得的。"

（图文：安徽省妇女联合会）

勤劳敲开幸福门 巾帼减贫脱贫故事

巾帼助困有妙招　精准扶贫出实效

记福建省诏安县太平镇妇联蔡婕

诏安县太平镇是省级重点贫困乡镇。该镇户数1.3万，人口5.3万人，建档立卡贫困户909户2587人，其中贫困妇女1110人，涉及738户贫困家庭。镇区管辖的19个行政村，有4个被列为贫困村。在太平镇妇联主席蔡婕的带领下，全镇妇女干部拧成一股绳，全力实施以就业、产业、医疗扶贫为主要内容的"巾帼脱贫三大行动"，切实帮助建档立卡贫困妇女创业增收、脱贫致富。

要脱穷帽，必先治"穷根"。为拔掉贫困户"等、靠、要"这条思想穷根，蔡婕一有空就往村里跑，跟妇女们拉家常、谈工作、搞调研，听取她们的意见，鼓励贫困妇女自立自强，提振脱贫信心。通过前期精准调查摸底、精准挂钩帮扶，基本解决了"扶持谁"的问题，明确了"谁来扶"的责任。在摸清底子后，她又把重点聚焦在"扶什么""怎么扶"上。

"不用出村，在家门口就能务工，每天抽时间去厂里给青梅去核，到年底时也可以收入1万~2万元。务工太方便了，不受时间限制，就在家门口，也方便照顾孩子。"景坑村民张素琴一边给青梅去核，一边乐呵呵地说道。张素琴是一名贫困妇女，老公因车祸不幸过世，2016年，通过镇妇联成立的"扶贫就业服务中心"，她被介绍到本村的食品厂进行青梅去核打工，每月收入可达2100元以上，工资收入占张素琴家庭总收入的80%左右，让她真正体会到了"精准扶贫、就业先行"。

　　张素琴只是太平镇就业扶贫项目的一个缩影。太平镇因病因残、年老体弱的贫困妇女多，求职的时候经常被拒之门外，严重打击贫困妇女的信心和脱贫致富的信念。如何让贫困妇女

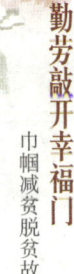

勤劳敲开幸福门

巾帼减贫脱贫故事

又能赚钱又能照顾家人,做到家庭事业两不误?蔡婕决定采用"企业+贫困户"的模式,通过成立贫困户就业服务中心,搭建就业对接平台,服务贫困户务工就业。蔡婕立足本镇实际,从青梅加工企业入手。青梅产业是太平镇的传统优势产业,镇内的青梅加工企业多,而且青梅去核就业门槛比较低,大部分贫困妇女都可以操作。蔡婕跑了多家企业后都被婉言谢绝,但她仍没放弃,积极寻求党委政府的帮助,组织全镇45家企业召开就业扶贫对接会议,创建了第一条扶贫生产专线,根据务工贫困妇女的身体状况合理安排工作岗位,让贫困妇女实现了就近就业、就地脱贫。该扶贫就业专线吸纳了29名贫困妇女,大大提高了贫困妇女的脱贫信心。

但是,就业扶贫专线开展几个月后,出现了新的问题。由于贫困妇女身体及年龄因素,导致扶贫生产专线生产效率相比其他工人会略低,在同工同酬的情况下,导致生产成本提高。为解决企业实际困难,蔡婕又想方设法,利用"贫困妇女+企业+信用社"的创新模式,由县农信社向企业推出"产业扶贫宝",对助推贫困户脱贫企业给予利率优惠的贷款支持,有效解决了帮扶贫困妇女就业过程中的资金短板问题,进一步发展壮大了扶贫就业生产专线,激发了企业帮扶贫困户的积极性。这些贫困妇女通过劳动创收,不仅增加了家庭收入,也增强了自强发展的信心,真正实现了既除"穷根",又脱"穷帽"。

立足丰富的富硒土壤及良好的生态资源,蔡婕因地制宜,通过整合土地资源、发挥留守妇女劳动力优势,在太平镇雄鸡村大力发展林下"富硒蛋鸡"生态养殖业,使太平镇雄鸡村林下"富硒蛋鸡"养殖产业走出太平，走向全国，帮助贫困户增加收入，实现了合作社、村集体与贫困户"三赢共富"的目标。通过林下养殖"富硒蛋鸡"，2016年增加贫困户收入100多万元，有9个村集体脱掉"空壳村"的帽子。如今，全镇的留守妇女都能在家门口通过养鸡、青梅去核等日常农活，实现就近就地就业，月平均工资2600余元，将"输血式"扶贫变为"造血式"扶贫。

除了就业和产业扶贫，蔡婕还针对因病因残致贫的贫困妇女，在镇党委的支持下，开展医疗扶贫，免费为贫困妇女体检看病，每月定期下乡免费进行健康检测，通过政策、资金整合实现所有贫困户看病治疗均免费，大大改变贫困家庭"有病不敢医，有病没钱医""大病拖、小病扛"的现状；针对缺技术的贫困妇女开展"雨露"培训计划，加强青梅种植、养"富硒蛋鸡"等技术培训指导；针对缺资金的贫困妇女，积极提供农行、农信社、邮储等小额贴息扶贫贷款。一年来，共组织协和医院到村义诊76场，服务贫困户3040人次；组织贫困妇女参加"雨露"培训班342人次；协调41户贫困妇女争取小额贴息贷款共133万元。

经过一年的努力，全镇实现362户1089人脱贫，两个贫困村摘帽，精准扶贫工作取得显著性成效。蔡婕被妇女姐妹们称为热心善良、乐于助人、敢于担当的"娘家人"。

（图文：福建省妇女联合会）

一位"美女书记"的扶贫路

记山东省日照市莒县峤山镇政府钟翠娟

2016年4月,钟翠娟第一次迈进她担任第一书记的省级贫困村——莒县峤山镇古乍石村。古乍石村地处东部山区,全村共有326户935人,其中建档立卡贫困户158户378人,未脱贫的有14户22人,扶贫任务十分艰巨。

驻村后,钟翠娟在村"两委"的大力配合下,分别从组织座谈、入户调查、民主评议三个环节入手,展开近一个月的精准识别工作,筛选出158户贫困户共378人,并在全村范围公示7天,拟定他们为精准扶贫对象,并逐户建档立卡。

勤劳敲开幸福门

巾帼减贫脱贫故事

靠什么手段帮扶这些贫困户？怎样才能刨了他们的"穷根"？各户的致贫原因又有不同，如今的精准扶贫需要"精准滴灌"。每天，钟翠娟满脑子都是精准施策的"招数"。"输血式"扶贫的老法子治得了标，却治不了本，真要为158户贫困户各找到一条脱贫的路子，说实话，很难……

经过几个月的实地调研和多方征求意见，钟翠娟的思路是，古乍石村拥有良好的农业特色优势，但农产品优质不优价，销售是一大难题。可以依托大姜、石竹茶、板栗等特色农产品优势，抓好加工包装，再充分结合自己在贸易办的工作经验，通过电商途径带动农产品的销售；与村原有的石竹茶厂进行合作，建设扶贫车间，贫困户按股分红，同时引导有劳动力的村民到茶厂务工，增加村民收入。

有了思路就抓紧时间动手。古乍石村已有石竹茶园50亩，加上周边龙山、中楼的茶园，已达到了近百亩，有了一定的规模效应。钟翠娟找准这一优势资源，发展茶园经济，在原有石竹茶粗制加工的基础上，积极建议村"两委"班子把石竹茶生产发展作为富民兴村的一项重要措施，鼓励村民大力发展石竹茶种植。2016年，利用上级特色产业扶持资金的20万元，依托莒县石银山茶叶专业合作社建设了农产品加工扶贫车间和"农家乐"餐馆，在县妇联的支持下，成立了"莒县大姐工坊"，将20万元资金作为原始股，分配给贫困户，车间加工农产品的收益，拿出70%分给贫困户，30%用于村集体收益，预计贫困人口年人均收益1000多元。同时，组织妇女积极参与石竹茶采摘、扶贫车间茶叶加工等，加工车间共雇用村民60多人，其中贫困户23人，人均务工收入可达到3200元。

"我在这采茶务工四五天了，活儿不累，一天忙六七个小时，也不耽误照顾家里，每天还能挣50多块钱呢！"贫困户徐信英边采茶叶边高兴地说道。

为了合作社的长远发展，钟书记决定走特色化、产业化、品牌化的路子，她帮助合作社申办了"石银山"茶叶商标，设计了独特的产品包装，大大提高了石竹茶的品牌度和影响力。同时，吸引意向企业，通过特色葫芦、袋装、礼品盒的包装形式，提档升级"石银山"茶品牌的特色，做大做强本地石竹茶产业；还引导周边村群众发展石竹茶100多亩，准备打造全市唯一石竹茶种植基地，辐射带动更多贫困户实现脱贫。

为扩大本村的石竹茶、板栗、大姜等特色农产品的销路，钟书记争取市商务局、县贸易办、联通公司、镇党委政府的支持，将古乍石村确定为全县首批电商扶贫试点，投资8万元，建设了淘宝服务站；设立了全县首家电商孵化中心村级教学点，将电商教学点与远程教育联网，开启远程授课；县联通公司将该村纳入"互联网+美丽乡村活动"试点，为全村免费无线上网，古乍石村成为全县首个免费网络全覆盖村，实现了村民与互联网世界即时沟通；同时配备了培训桌椅及相关设施设备，吸引了一批青年农民加入"电商大军"，通过电商、微商搞好农特产品的销售。对贫困户种植的农产品，以高于市场价0.5~1元的价格收购，通过电商渠道销售出去，实现线上销售、线下扶贫，共收购81户贫困户农产品43040斤，增收24082元，仅通过电商、微商销售农产品这一项，就为81个贫困户平均增收300元。

贫困户林庆礼身患肺癌，术后失去劳动能力，一家3口的生计仅靠媳妇打点儿零工支撑，一度失去了对生活的信心。钟翠娟了解情况后，帮助林庆礼安上了网线，开了个淘宝店。林庆礼在家里慢慢学着卖东西，能维持生活，他逐渐树立了信心，要自强创业。

为进一步做大电商产业，钟翠娟又争取到10万元资金，在古乍石村投资建设了特色产品体验店，主要展示石竹茶、大姜、小米等特色农产品，还有全县的系列特产和旅游纪念品，实现了线上销售和线下体验的融合。

驻村一年多，在上级妇联以及相关部门的帮助下，在镇党委、政府的大力支持下，第一书记钟翠娟与工作队成员终于为贫困户脱贫找到了出路,也因此赢得了村干部和村民的一致好评。尤其是那158户贫困户,纷纷为她们的工作点赞,村民们则都亲切地称钟翠娟为"美女书记"。

"自从当了村里的第一书记,虽然烦心的事不少,但当看到一户户贫困户摘掉了贫困的帽子,我也是累并快乐着。"钟翠娟说。钟翠娟像一股清新的风,把新思想、新希望吹进了古乍石村这个贫困的小山村,把脱贫致富的希望之种播进了村民的心里。

(图文:山东省妇女联合会)

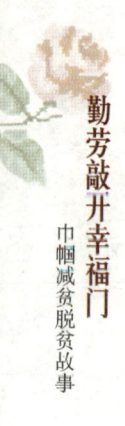

呕心沥血　为九渡带来希望

记河南省焦作市发改委王晶

2015年8月，王晶结束了省级贫困村校尉营三年的驻村工作后，又来到省级贫困村沁阳市常平乡九渡村任第一书记。

九渡村2015年全村农民人均纯收入2050元，村里基础差、底子薄。看到全村204户、623人中，贫困户110户，贫困人口309人，占比一半以上，王晶心急如焚。脱贫工作是一场攻坚战，打的是一场团体仗。王晶第一时间赶回市里，把九渡村的情况向市发改委领导汇报，争取支持。市发改委县级和中层以上干部43人分包110户贫困户，共同帮助九渡村贫困群众脱贫致富。

九渡村村"两委"4人。老村支书石青云在任25年，是市人大代表、省劳模。正值九渡村扶贫搬迁用人之际，老支书由于身体原因，辞职休息，整村工作推进困难。王晶迅速进入角色、融入工作，通过深入走访每户贫困户，了解贫困户家中情况，对村民反映的问题及时解决；通过深入走访老党员，了解他们的所思所想，听取他们对九渡村发展的建议；通过深入走访农村致富带头人，邀请他们为全村发展建言献策；通过走访

上访户,给他们讲解上级政策,拜托他们多支持村委工作,全力做到解决问题不出村。王晶以一名共产党员的责任和担当,得到了村干部和村民的理解与支持。

为了增加农民收入,王晶积极与焦作市的一些旅行社联系,各家旅行社开始到九渡村开展徒步户外游。同时九渡村蜂农养殖的蜂蜜由旅行社挂牌包销,形成长期供销合作。她还积极利用互联网、微信、自媒体等,多角度、多方式宣传九渡、推介九渡。她邀请焦作摄影家协会到九渡采风,拍摄九渡民俗民风,汇编成册。2017年春,为了拍摄到最好的雪夜景色,她邀请并陪同摄影师到深山中的尚河村拍摄雪景。她们吃住在农家,和老百姓共同生活。深山中没有水、没有卫生间,她们克服困难,圆满完成了拍摄任务。

在立足村情的基础上,按照"规划到村、帮扶到户、责任到人"的工作思路，作为第一书记的王晶深挖致贫根源，依托本村优势资源，认真进行产业谋划，努力提高扶贫对象的"造血"功能，找准群众利益的症结点。通过调研，她发现九渡村具备争取国家级传统村落保护资金的条件，但村民缺乏对相关政策的了解，没有保护意识，不知道这是把发家致富的"金钥匙"。传统村落是指民国以前建村，被誉为"中华民族的DNA"，2012年国家开始全面对中国传统村落进行保护。自2013年起，中央集中投入114亿元推动传统村落保护工作，这是中央财政首次针对传统村落保护拨付资金。熟悉相关政策后，她积极与省、市住建系统联系，争取支持；主动向兄弟县、市请教申报程序；同时向沁阳市主要领导汇报传统村落保护的重要性和紧迫性，积极联系省设计院编制相关方案，最终将相关材料上报。2016年12月，九渡村顺利通过河南省住建厅评审。传统村落保护争取到国家资金300万元和省资金300万元。上述资金的争取将有利于改变现有传统村落中房屋破旧问题，改善该村基础设施建设，以此带动当地民俗旅游业的发展。

　　王晶经过数次与母校河南理工大学联系，母校最终同意为九渡村免费量身制订产业发展方案。河南理工大学组建了传统村落保护委员会专业团队，自2015年10月开始进村调研，对8个自然村全部完成沙盘立体效果图，对每个村庄的产业进行整体规划。提出"一带两翼六区"的空间结构构造，"一带"，以山水景观为特色的山水休闲带，连接各功能片区，即九渡村的发展轴线；"两翼"，即以神仙洞、六郎寨景点为双翼；"六区"，即打造旅游接待服务区、农副产品加工区、特色民俗体验区、影视写生摄影区、新农村生活区、康体娱乐活动区。

要想富，先修路。为了做好全省保护最好的古村落的开发与利用，积极发展尚河村民俗旅游，必须修好通村道路。王晶经过数次与相关部门协调，给上级汇报九渡村为国家级传统村落，村里积极发展旅游业，修路的重要性。最终争取到国家农村道路资金60万元，配套资金46万元，目前道路已全面竣工，解决了村民数十年未解决的道路交通问题。

王晶一心想要带动旅游发展，想到开通焦作至九渡的客运公交车，这样既可以增加游客，带动旅游产品的销售，同时能够解决村民出行交通难题。她通过朋友介绍，找焦作客运总

站、运管处、交通局联系，第一轮协调，焦作方面同意发车。这时才知道还需要协调沁阳地方，她又开始新一轮的协调任务，经过一次次、一轮轮的沟通，调整方案，终于第二轮协调下来沁阳方面同意发车。这时又了解到，还需要协调丹河景区管理局同意车辆进入村里，她又抓紧与丹河景区管理局联系，商量相关方案，力争实现共赢。最终，三家机构为王晶书记的真诚所感动，共同促成了线路的开通。此线路开通后，村民仅用一小时就可到达焦作，沿线的老百姓非常高兴。同时，村里游客大幅增加，村民的土特产每天都销售一空。

两年来，王晶从没有农村生活经验的"门外汉"，成为九渡村村民脱贫致富的贴心人。王晶面对突发的山洪临危不乱，院里钻进两条蛇仍泰然自若，还能拿着镰刀帮村民收割油菜，被大家称为"女汉子"。九渡村村民纷纷说，俺九渡村富裕了，说啥也不能忘了这个女同志。

（图文：河南省妇女联合会）

带领村民脱贫致富奔小康的"女强人"

记湖北省建始县高坪镇青里坝村唐瑛

湖北省建始县是国家级贫困县,该县高坪镇青里坝村村支部书记唐瑛,在全县脱贫攻坚战中,为解决残疾人和贫困户就业,她不惜卖掉收入颇丰的超市,四处筹集资金,投资500万元在青里坝村建起钟表制造分厂和鞋厂。如今,解决周边村400多人就业,就业面已惠及周边十余个村,人均月工资超过2000元,解决48户贫困户16位残疾人家门口就业,并让他们走上自强自立的脱贫之路。

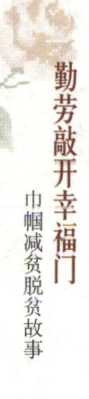

勤劳敲开幸福门
巾帼减贫脱贫故事

2015年冬日的一天，天空飘着雪花。唐瑛一家人正围在火炉边聊天、嗑瓜子，寒风中，一个矮小的人影从门口慢慢前行。唐瑛以为哪家小孩子顽皮，故意在路上爬着玩儿。仔细一看，原来是一个双腿残疾的青年，用双手支撑着，艰难地往镇上走去。说是"走"，其实就是用双手向前"爬行"。

唐瑛的心陡然一揪，无比怜惜这苦命的孩子。一打听，原来是邻近九龙塘村一个贫困家庭的孩子，19岁，名叫黄显焱。坚强的孩子在寒风中渐渐远去，却在唐瑛心里打上了烙印。作为一个母亲，她有一种想改变这个孩子生活的强烈意愿：给他一份工作，让他自食其力！

唐瑛试着将这个孩子安排到村里的电子厂工作，但电子厂没有这个孩子能胜任的岗位。看着孩子期待的眼神，唐瑛的心被揪疼了。发展蔬菜和种植业、养殖业，也没有这孩子合适的工作。若有鞋厂，手工方面的事多，简单易学，这孩子可以做，村里村外的残疾人都可以做。思绪闪过，唐瑛立马决定，在村里办鞋厂。

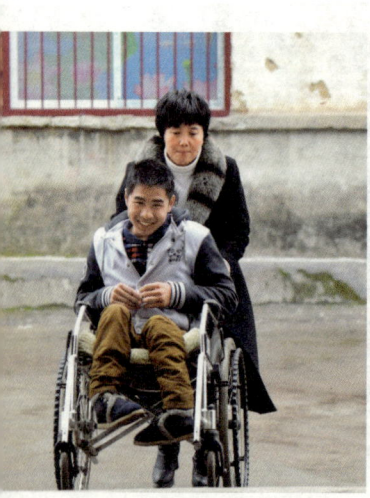

为了新建鞋厂，唐瑛卖掉家里生意红火的小超市，召回在宜昌发展的儿子。老公虽偶尔嘀咕，但最终还是默默支持。

2016年正月十七，村里的鞋厂正式开工。

有亲朋好友不理解。"精准扶贫，不落一人"，为政府分忧，为贫困户解难，是她的职责所在。作为村支部书记，唐瑛心里自有一杆秤。

招工，常对老弱病残唯恐避之不及。可鞋厂的招工简章与众不同——残疾人优先，贫困户优先。唐瑛专门到周边村宣传，让身残志坚的人前来鞋厂应聘。

青里坝村周边的小窝坑村、望坪村、九龙塘村和花露台村的残疾人纷纷前来应聘上岗，鞋厂来者不拒，并根据他们的身体情况，培训不同岗位。如今，鞋厂已有96名村民完成培训并就业，包括48户贫困户，还专门为16名残疾人安排了适合的岗位。

对于行动不便的残疾人来说，能在家门口谋得一份"工作"，不仅是意外之惊喜，更给了他们自信与自尊。

先前让唐瑛无比揪心的黄显焱是鞋厂第一个上岗的残疾人。他50岁的母亲也在厂里做手工，还没上学的妹妹也跟着住进厂里，一来家里没有人照顾，二来在厂里可享受免费食宿。

在手工鞋面车间，黄显焱的脸上洋溢着自信和满足，坐在桌边认真地贴着鞋帮，6岁的妹妹则在车间玩耍。黄妈妈说："真得感谢唐书记！不然的话，我这个孩子真不知道该怎么养活。"

小窝坑村6组贫困户小王一家都患有侏儒症。一家4口人在厂里吃住，现在做工熟练了，每人每月都能挣到近2000元。"感谢唐书记办厂，这样即使我死了，也不用担心儿子没办法养活

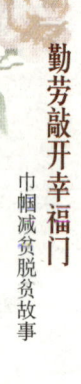

自己了！"说起唐瑛的好，小王父亲的眼里闪着泪光。

花露台村一个43岁的留守妇女，老公外出务工，她因中指残疾，独自在家带着两个孩子。她到这个鞋厂做工，一个月有2000多元工资，孩子放学后直接到鞋厂，她还能照顾孩子。对唐瑛，她有说不完的恩，道不尽的谢。

9月1日，一天天逼近，厂里加班加点，一批学生鞋要赶在开学前运往迪拜。"鞋盒规格有问题，不能按期交货。"厂里的工人们私下传着这个消息。"这么大的一单生意，违约了怎么办呀？我们加班吧。"黄显焱看起来有些替唐瑛担忧。车间的其他工人都强烈要求通宵达旦加班，绝不能影响产品按期发货。唐瑛大声说："我们会马上重新加工鞋盒，大家不用担心，这单生意跑不了，你们的工资少不了！"

大家感恩的心让唐瑛感触很深："我所做的这些，虽然能改变他们的生活状况，能让他们脱贫，但也是他们自强自立能吃苦的结果。"

自从几十名贫困户和十多名残疾人进鞋厂务工那天开始，天不怕地不怕的唐瑛生怕鞋厂效益不行，生怕生意亏损。鞋厂每月要付工人工资20多万元，光48个贫困户，每月就从厂里领走近10万元的工资。唐瑛的压力之大，不言而喻。值得欣喜的是，那些令她心疼和担忧的残疾人，已能顺利在鞋厂务工，自强自立实现脱贫。

扶贫路上，拽着这些特殊人群有尊严地"齐步走"，是唐瑛一直努力要做的事情。过去、现在和将来，她在不断前行……

（图文：湖北省妇女联合会）

扶贫路上　苦尽甘来

记湖南省妇联驻村扶贫队

　　涩塘村地处隆回县司门前镇西北，距离县城70多公里，人多地少，山高路窄，闭塞落后。2014年，人均年收入不足1600元，全村350户1280余人，贫困户就占到67户254人。2015年，省妇联扶贫队刚进驻涩塘村时，发现大多数贫困户内心缺乏发展的动力和生活的激情，对于扶贫队的到来只是冷冷地观望。

　　"必须点燃村民生活的热情，方能帮助他们脱贫致富！"扶贫队决定先从组织群众喜闻乐见的文体活动入手，活跃村里的气氛，调动村民参与的积极性，拉近扶贫队与村民的距离。

　　不久，扶贫队买来了50套腰鼓和演出服装，请来了专业的老师教授腰鼓和广场舞。没想到的是,广场舞才刚开始学,闲话就接踵而来,搞得姐妹们都想退缩。扶贫队走家串户,一个个做思想工作,说服大家坚持。如今,村腰鼓队、舞蹈队不仅自娱自乐、强身健体,而且经常外出表演,每个人每场劳务费200元,大家心里乐开了花。

村民们参与文体活动的热情高涨,村民活动中心随之兴建。电脑、棋牌、电视机、运动器材等一一配置;农家书屋扩建,图书总册数已达4000多册;"儿童快乐家园""知心屋""妇女之家"等纷纷落户,关爱妇女儿童的活动如火如荼地开展起来。自此,村子里的男女老少各自享受着休闲娱乐的好时光,处处都是欢声笑语。

"以前我们村里整天死气沉沉的,现在孩子们有书屋,老人有活动室,妇女们跳起广场舞。平时很少交往的我们,现在经常在一起交流,邻里关系融洽了不少。"腰鼓队队员孙巧蓉

兴奋地说。

与此同时，扶贫队为因病致贫的村民请来专业医生诊病开药、买药送药；为孤寡老人、单亲家庭等贫困对象送衣送物、嘘寒问暖；对留守儿童在学习教育、物质生活和精神心理等各方面予以帮助和开导，切实做到扶贫扶到关键处，帮困帮到心坎上。

真心与热情，温暖着涟塘村村民，村民们也把扶贫工作队员当成了自己的亲人，大家的心终于凝聚在了一起。

生活的热情虽被点燃，可贫穷落后的面貌依旧让村民抬不起头来。扶贫队认定，要提振村民们的自信，就必须发展产业，让村民们的钱袋子鼓起来。

两年来，扶贫队种植上万株冬枣和黄桃树苗，建立140多亩的水果种植基地；成立种植合作社、猪血丸子加工合作社，引导200多户村民入股，100多名村民直接参与大蒜种植和猪血丸

子加工;新建280多平方米的产业发展中心,为村级经济组织提供可持续发展的有力支撑。

产业发展了,村民们通过在合作社入股和务工,获得了经济收入。可还有一些留守妇女因为家庭贫困和照顾老小,只能长期待在家中,无法从中受益。如何为这些姐妹寻找出路?大家一番合计,买来了编织工具和原材料,发动妇女们成立手工编织协会,引领民营企业家参与到巧手扶贫。

衡阳蒸湘腾跃工艺厂来了,组织在家妇女学习手工编织技能,每个月定期为姐妹们送来订单;湖南思洋信息技术有限公司来了,选送会员赴省城开展电商培训,指导和开通淘宝店和微商城;步步高集团来了,与村里签下了合作协议,为产品走进超市开辟了绿色通道。

2017年4月,"湖南省妇联驻涟塘村产业发展服务平台"成立,打造出一个协会成果的展示厅、指导培训妇女的"加油站"、支持就业创业的孵化基地。平台成立后,会员从原有的22人增加到100多人,最高日销售额达到8000多元。如今,手工编织协会可以自主开发产品,在淘宝、微商城等平台进行网上销售。

截至2017年年底,涟塘村建档立卡贫困户已脱贫40户136人。254名贫困户分别加入手工编织协会、猪血丸子加工合作社、大蒜种植合作社等经济组织,实现入股分红、勤劳致富,人均年收入达到5600元。

随着产业的发展,一场以改善涟塘基础设施、美化生活环境为主的扶贫攻坚战也已陆续打响。近三年,扶贫队争取到

1000多万元的项目资金，发动和组织广大村民义务投工投劳，安装121盏路灯，修通1.5公里长、4.5米宽的通组支干线延伸公路，改扩建安全饮水工程，开通100兆的电信光纤，完成了全村亮化、道路通畅、安全饮水、网络"户户通"等民生工程。

灯亮了，路通了，人笑了，乡村旧貌换新颜，涩塘人满满的自信和自豪。老党员邹宗文开心地写下一首打油诗："村院灯光如繁星，条条银蛇是路灯。火树银花广场舞，人间天堂似涩塘。"

生活美了，钱袋子鼓了，扶贫队有了更高的追求，要为涩塘人筑造一座人人向往的精神家园。

村妇联发动和组织广大妇女创新创业、美化家园；志愿者服务队伍建立了，环保小卫士、巾帼志愿者、治安巡逻队等自发自觉地开展志愿行动，无私奉献、助人为乐；"好家风好家训"出来了，全村公示评选出的"好家风好家训"，制作成门牌家家张贴，传颂着勤劳致富、崇善向上；寻找"最美"的活动开始了，"最美家庭""最美婆婆""最美媳妇"不断涌现，倡导着子孝父慈、家庭和睦；"亲情故事广播"响起来，讲述至善至美的家庭亲情和励志故事，健康向上、文化育人；互助救济基金会成立了，村民们为突发重病或灾祸的村民积极乐捐、慷慨解囊、互助友爱……一项项文明创建的举措，引导着村民热心公益，传播着中华传统美德，构建起邻里和谐、家庭和美、村风文明的美丽画卷。

回望驻村扶贫之路，扶贫队深切地感受到妇联扶贫之船要行驶至成功的彼岸，巾帼领航是"指南针"，扶智扶志是"动力机"，共商共建是"压舱石"，互帮互助是"加速器"。

2017年年底，国家级贫困村涩塘村整村脱贫出列。

（图文：湖南省妇女联合会）

八年扶贫听民情解民忧

记广东省肇庆市妇联刘晓林

12月22日早上,刘晓林跟往日一样从驻地出发,骑着摩托车在崎岖的盘山公路上颠簸半个多钟头,来到距离几公里外的德庆县凤村镇新生村,步行到村民陆钊明等贫困户的家中嘘寒问暖。

如果不是刘晓林自我介绍,外人看他对陆钊明等贫困户的那个热情劲儿,还以为他们是亲朋好友,实际上他们根本不沾亲带故。

刘晓林是肇庆市妇联的主任科员,之所以对贫困户如此关心,"是因为我是肇庆市妇联派驻这个村的驻村干部,关心贫

困户，帮助他们脱贫，是我们驻村干部的义务"。

四次驻村　屡获嘉奖

2004年，刘晓林从部队转业，被分配到肇庆市妇联工作。从2005年开始，他就先后四次担任扶贫驻村干部，历时8年多。

三次驻村扶贫经历中，刘晓林遭遇过突如其来的泥石流、打山火、与眼镜蛇狭路相逢，以及精神障碍患者袭击等危险，现在他回想起来都有一种生死悬于一线的余悸。驻村生活条件艰苦，需要自己烧水做饭，更多次历险，但是刘晓林也收获了助人的快乐，让当地的贫困户感受到了党和政府的关心。

让刘晓林感到欣慰的是，在肇庆市妇联和社会热心人士的帮助下，三个村的大部分贫困户摘掉了贫困的帽子，帮助26户居住在泥砖危房中的贫困户建起新房，还发动爱心父母上千人次前往结对扶贫的村落，多次探访贫困户的孩子，跟100多对"爱心父母"与其中100多位特困学生结对助学，每年给予500~800元的资助。

刘晓林通过自己的辛勤努力赢得了荣誉，但他没有就此停止脚步，当肇庆市妇联需要他继续担任扶贫干部时，军人出身的他选择了服从命令。

摆脱车祸阴影　骑车走访村镇

2016年5月，刘晓林成为德庆县凤村镇新生、禄村、棠下等

三个村委会的驻村干部后,遇到前所未有的挑战和困难。这三个村委会管辖二十几个自然村,又不在一条线路上,其中大部分自然村要经过陡峭弯曲的山道,有的自然村距离他的住处要绕行十几公里山路。这三个村委会共有116家贫困户、五保户和低保户,按照政府的有关要求,驻村扶贫干部必须要经常探访每家贫困户,及时了解、排除他们的困难。

刘晓林在当兵时遭遇过重大车祸,虽然安然无恙,但落下了严重的心理阴影。从部队转业以后,经常做噩梦梦见车祸现场,因此不敢驾驶机动车。但由于有的自然村村道不通汽车,必须骑着摩托车才能更好地完成扶贫任务,"我痛苦纠结了好久,觉得驻村扶贫是党和政府交给我的任务,我必须尽心尽力,勇敢地摆脱心理阴影"。刘晓林考取了摩托车驾驶执照,战胜心理的恐惧,硬着头皮第一次骑上了摩托车。虽然经过几个月的骑行,但是由于山道崎岖、弯多,他每次骑摩托车下乡都要很小心。

结对贫困户　力助脱困境

刘晓林挨家逐户登门走访了解到，新生、禄村、棠下三个村委会共有116家贫困户、五保户和低保户。按照精准扶贫的规定，驻村干部要对他们进行扶贫政策宣传，有针对性地开展脱贫培训、产业帮扶，帮助危房户重建新房，保证贫困家庭子女读书、应保尽保获得救助等。

新生村聋哑人陈亚多已经53岁，因为家贫一直独身。前几年，一名外地女子与陈亚多同居，成为事实夫妻。但是两人一直没有房屋，只在村里搭了一个简易窝棚栖身。按照国家有关政策，政府可以补贴像陈亚多这样的贫困户建房款，但是他还得自筹一部分。刘晓林知道后，考虑到陈亚多确实难以自筹部分建房款，计划发动社会力量众筹，帮助他建一间新房。

新生村村民陆钊明娶了一个智障的妻子，育有一子，2001年还收养了一个养女，家庭经济比较困难。2014年，陆钊明的儿子陆政安以优异的成绩考取肇庆中学，陆钊明经常为儿子的学费和生活费发愁，也为养女一直没有户口的事情担心。2016年6月，刘晓林得知陆钊明的困难和担忧后，发动一位广州的朋友专程驱车来到肇庆，当场资助陆政安1000块钱读书，还承诺陆政安考取大学，他还会资助学费。在刘晓林的帮助下，陆钊明的养女也已经入户，有了合法的身份证号，今后可以安心地上学了。

眼看着许许多多贫困户受惠精准扶贫的好政策，日子一天天好起来，几年后可以摘掉贫困的帽子，"我觉得多年驻村扶贫经历的艰辛和痛苦都值得"。刘晓林说。

（图文：广东省妇女联合会）

爱唱"反调"的扶贫女干部

记广西壮族自治区田阳县五村镇桥马村妇联陆东香

田阳县五村镇桥马村地处大石山区,九分石头一分土,是广西壮族自治区精准脱贫示范点。就是在这样一个土地稀缺的村子里,出了个"拿土地瞎折腾"、常和村民唱"反调"的扶贫女干部——村妇代会主任陆东香。

村民抵触反传统的种植模式

为组织全村妇女积极参与脱贫攻坚战,陆东香积极配合村"两委"制订的脱贫致富工作部署,决定于2016年在全村推广种植牧草。动员工作刚开始,村民就像炸开了锅。"手中有粮心不慌。我种了60多年的玉米,谁都别想让我改种牧草!""种草不种粮,你们在家以后吃草得了!"不管是村中留守的妇女、老人,还是在外务工的青壮年都极力反对。

"政府引来老板在我们村发展山羊和肉牛养殖,需要大量牧草。牧草一年可收割三批,每亩年产量可达15吨,养殖企业合同保护收购价每吨200元,每亩地每年有近3000元的收入,而

玉米亩产1000多斤，每斤0.7元，一年满打满算才700多元的收入，算一算这个经济账，你们说哪个更赚钱？"面对压力，陆东香深入各家各户苦口婆心地动员。对于那些没出过家门、一辈子只懂得种玉米糊口的"老顽固"，陆东香就一个个地和他们在外务工的子女电话联系。"那么好的项目，你咋不自己种呢？"面对陆东香的劝说，有的村民提出反驳意见。

香姐唱"反调" 打破传统种植观念

已经55岁的陆东香有一个幸福的家庭，丈夫、儿子和儿媳都是国家工作人员，有稳定的收入，不愁吃穿。儿子和儿媳妇希望她能到县城与他们共同生活，享受天伦之乐。然而作为桥马村妇女带头人的陆东香认为，自己富不算富，全村妇女都富裕了，那才是真正的富裕。

为了带动全村群众种植牧草，脱贫致富，陆东香率先种植了3.62亩牧草。牧草长势旺盛，香姐带头种植并获得了收益，有的村民开始"动摇"了。行动是最好的宣传。在陆东香的带头作用下，村民们纷纷改种牧草。2016年，桥马村共有84户农户种植牧草210亩，当年就实现增收50多万元，就连起初强烈反对的老莫也种植了4亩多，当年收入了1万多元。

村中大事我们来定

作为精准脱贫示范点，桥马村的村容村貌改造得到了政府的援助援建。漂亮的新村谁都盼望，可是要农户让出土地来做

公共通道，这对九分石头一分土的大石山区来说，非常困难。面对村委新村建设的规划，大家都不吭声。为了确保改造工程尽快推进，陆东香与其他村"两委"干部一起走家串户做村民的思想工作。

由于家中的男劳力大都外出务工，在家留守的妇女长期以来习惯了大事男人做主，因此都不敢自作主张。"我们妇女一定要发挥'半边天'作用，大事还要我们来定！"陆东香组织全村的妇女们行动起来，破除旧观念。在陆东香逐家逐户地游说下，下巴屯各家各户很快统一了思想：改造过程中，不管上级要求拆除谁家的围墙、猪舍或牛栏，都无条件服从。得到村民的积极配合，下巴屯村容村貌改造很快竣工。各家各户民房外立面统一装修、刷白，昔日狭窄的屯内道路变得宽敞，铺上沥青柏油，道路两旁还安装了太阳能路灯……大家都说，我们的生活不比城里人差。

我们建设"最美村庄"

漂亮的房子建好了，宽敞的大道铺设了，随之而来的是，道路两旁的空闲地块成为村民争抢的"香饽饽"——大家都想要一块空地来种蔬菜。陆东香又上门来"唱反调"，动员村民在靠近自家的道路两旁种花种树。"村里到处是树木，还种什么花草，简直是浪费！""种草种花不能吃，还是种菜实在！"

面对村民的反对意见，陆东香首先带头在自家门前种上花草，逢人就说："在家门口种菜，淋上大粪臭烘烘的，不卫

生，吃菜可以到远一点儿的地方种。我们新农村也要像城里一样，种花种草，这才漂亮！"妇女们在陆东香的带动下，都自觉种植和管护花草。如今，房前屋后都被"见缝插绿"，全屯种植常绿果树1500株、开花灌木1000株，铺设草坪3600平方米，绿化覆盖率达35%，人居环境得到了极大改善。

脱贫致富需要大胆创业，创业成功需要"主心骨"。为了把村里的留守妇女聚拢起来，增加妇女群众家庭收入，陆东香牵头成立了桥马村妇女创业互助联络会，组织10名妇女骨干，每人入股2000元至1万元不等，共同创办桥马村"农家乐"，试营业两个月来，已先后接待近百名游客，逐步成为贫困群众脱贫增收的新亮点。

（图文：广西壮族自治区妇女联合会）

用金子般的心服务贫困群众

记海南省定安县安监局王燕燕

王燕燕是定安县安监局执法大队队长，作为"第一书记"驻村在新竹镇卜效村。她带着一颗"金子"般的心扎根这里，始终坚守"恪尽职守、心系群众"的宗旨，领着群众干，围着群众转，工作在群众中，生活在群众中。

卜效村是定安县的重点贫困村，共有5个自然村，16个村民小组，总人口2361人，现有建档立卡贫困户52户219人，五保户38户40人，低保户36户77人，一、二级重度残疾26人。

卜效村党员干部共70名，王燕燕通过加强党支部班子队伍建设、改善阵地建设、开展党员干部培训等措施，着力解决农

村党员思想素质不高、班子战斗力不强等问题；通过开展"两学一做"教育和"三会一课"等党建工作，大大增强了党员干部宗旨意识、服务精神及村党组织战斗力和凝聚力。

王燕燕刚到村里，就听到村里一个贫困户吴崇青患上鼻咽癌恶性肿瘤的消息。她立即去医院看望并了解病情，跟医院申请了先住院治疗后交付医疗费用事宜，随即就在"轻松筹"平台上向社会爱心人士发起了求助。通过这个平台，得到捐助1.8万元，其中爱心协会捐助1万多元。后来，她又帮吴崇青向民政部门申请了5000元的大病紧急救助，共计捐助2.7万余元。

村里有一个贫困户叫王桂芳，她养的1000只鸡苗被一场突如其来的无名病菌感染，需紧急处理掉。王桂芳急得直掉眼泪。王燕燕向卜效村的省帮扶单位申请，公司得知情况后，对王桂芳帮扶了1900只鸡苗和11包饲料。

王燕燕说："想问题、定政策、办事情，都要为群众着想，及时给他们传达党和国家的扶贫政策。"精准扶贫，贵在精准，重在精准，成败之举在于精准。王燕燕在走访后，了解到制约卜效村发展的原因：一是农业产业结构不合理，缺少优势产业和特色产品，增收渠道狭窄。二是基础设施建设滞后，

抵御自然灾害的能力较弱，吃水难、行路难。三是群众劳动技能缺乏，信息不灵通，思想消极保守。根据致贫原因，她一一制订了脱贫计划，并且取得了阶段性的成效。

王燕燕先和卜效村的省级帮扶单位粤海铁路有限责任公司联系并申请了155万元帮扶资金，分别用于产业种养殖帮扶26万元，基础设施包括水塔和水井的56万元，文化室以及琼剧戏台33万元，路灯20万元，贫困孩子助学帮扶20万元。目前，种养殖帮扶给贫困户的26万元资金，根据贫困户的不同种养殖需求，分别购买了猪苗251只、鹅苗413只、羊苗7只、鸡苗1900只、鸭苗500只、饲料195包，全部发放给了贫困户；卜效村74名贫困户孩子的首期8.6万元爱心助学资金已分别入户。

卜效桥至卜效山有1.5公里的排水沟渠，涉及人口1700人，长期以来排水沟渠严重阻塞，特别是水灾时期，农田遭受严重损坏，农作物受到很大损失。调研之后，王燕燕立即向县水务局打了申请修建该沟渠的报告，县水务局领导带专业人员来卜效村审核后，批复投资275万元将在原排水沟渠的基础上进行梯形排水沟渠防渗硬化改造。

技术扶贫方面，王燕燕组织村里贫困户参加整村推进瓜菜种植技术培训班，这是传统输血型扶贫向造血型扶贫的重要转变，帮助贫困户更新观念，提高种植技能，惠及贫困户、农户共计95人。

在产业扶贫方面，一是发展牛大力种养殖产业。中国热科院专家组赴卜效村进行实地调研，给了卜效村土质适合种植牛大力的结论，王燕燕立即统计村里有共计23户42亩种植牛大

力，并向镇政府打了报告，镇政府批复8.4万元进行扶持。二是发展卜效琼剧村特色土鸡养殖产业。卜效村养殖鸡的农户和贫困户较多，根据这一村情和专家的"金点子"，王燕燕计划打造"卜效琼剧村特色土鸡"品牌，实施方式是"合作社＋贫困户＋农户"，卜效村52户贫困户自愿加入合作社，统一由镇政府扶持资金每人3000元。三是打造卜效村琼剧文化产业。卜效村是海南名副其实的"琼剧村"，距今有300多年的历史，1996年被省文体厅评定为海南民间文化艺术之乡称号。王燕燕已经向相关部门申请，将打造琼剧文化产业带动卜效村发展，让贫困户参与进来，切实增加所有农户收入。

为了做好"粽子扶贫"工作，王燕燕在2017年端午节前夕，带领贫困户们前往定安东城酒店粽子厂现场观摩。通过半天的培训，每人都绑出了一个个紧实、标准的粽子。得到技能帮扶后，王燕燕组织贫困户们开始了紧锣密鼓的绑粽子，共销售5125个粽子，获得利润2.4万元。除去成本后，按照做工时间，11个贫困户每人获得1900～2400元不等的分红款。

王燕燕在卜效村只有两年的任职时间，和群众的感情跟一家人一样，一直都和他们共苦同甘。晴天一身灰土，雨天一身泥水，摸黑才到宿舍，这基本上就是她的真实写照。每一天，她都在思考着怎样为群众造福，领群众致富。她坚信，只要坚定信念，用好、宣传好党和国家的扶贫政策，用"金子"般的心服务群众，服务贫困村，就一定会让卜效村的群众走上脱贫致富之路！

（图文：海南省妇女联合会）

做好巾帼脱贫攻坚的贴心"娘家人"

记重庆市云阳县妇联张霞

2015年7月，云阳县妇联副主席张霞被分配到距离县城80多公里的大阳乡黄陵村担任第一书记。接到任务，张霞义无反顾地奔赴黄陵村，翻山越岭，走村入户，开展脱贫攻坚工作。

黄陵村平均海拔820米，约6.5平方公里，属于典型的高山地区。全村有6个村民小组，共704户2071人，其中贫困户有78户273人。

"一个女同志，怎么能做农村工作？自己走山路都很困难。"面对村民的质疑，张霞暗下决心，决定用实际行动证明"我能行"。

当时正值酷暑,张霞走村串户,和老百姓拉家常,了解群众的想法,帮助他们厘清发展思路。每天,她顶着烈日走十多公里崎岖的山路,脸晒黑了,手被杂草划伤了,双脚磨出了血泡,她也没有退缩。用了1个星期的时间,她走访了全村78户贫困户,其中留守老人、留守妇女、留守儿童在该村贫困户中占比很大。她决定从"三留守"贫困户入手帮助脱贫致富。

张霞仔细分析"三留守"贫困户的具体情况,发现留守老人和妇女缺乏技能,只能做一些简单的活计,对自己将来也没有明确的规划;留守儿童则生活单调,性格内向。她决定在经济上,帮助他们提高收入水平,走出贫困;在精神上,建立互助组,帮助他们提升素质和增强理想理念;在生活上,开展各种活动,丰富他们的闲暇生活。

在走访贫困户蒋弟美家时,张霞发现两位老人非常勤劳,除了种植传统庄稼外,还养了很多野鸡,为何还处于贫困水平?经过深入了解才知道,蒋弟美夫妇的子女尝试过饲养野鸡,但没成功,之后便把摊子都丢给两位老人了。老两口对野鸡饲养很用心,但就是缺乏技术。他们使用传统灯泡加温来孵化小鸡,可温度难以掌握。有时候,老两口围着火炉,把手都烤热了焐着野鸡蛋,有时候干脆把野鸡蛋放在怀里。尽管这样用心,野鸡的孵化率仍然极低,每年投入种蛋几百枚,成活却不到30只。看着没有成功孵化的野鸡蛋,两位老人十分痛心。

为提高野鸡孵化的成活率,张霞走访镇畜牧兽医站医师,详细咨询如何搞好野鸡孵化,专门聘请畜牧兽医工作人员给蒋弟美提供指导,并多方筹措资金,为老人建了一个标准的孵化室。通过新的孵化技术，野鸡孵化成功率大大提高，投入的2800余枚种蛋，成功孵化出了2500只小鸡。望着成群的小鸡，老两口笑得合不拢嘴。

一家富不算富，全村致富才算富。张霞看到在技术员指导下，野鸡饲养规模越来越大，便萌生了一个想法：利用老人成熟的养殖技术，带动村里其他人致富。老人连连答应，表示将孵化室利用起来，为当地老百姓孵化土鸡苗。

"现在国家政策好，我一定当好带头人，和大家一起让黄陵村摘掉贫困帽子。"蒋弟美学到了技术，充满了信心。在老人的带动下，村里10户贫困户孵化土鸡苗5000余只，有5户贫困户开始发展野鸡4000多只，老人还上门免费为他们做技术指导。

40多岁的肖后平家里有两个大学生，她就在镇上做短工维持生计。走访中张霞发现，该村大部分留守妇女都像肖后平一样，苦于没有一技之长，都只能在家务农，带孩子，做点儿短工，生活过得紧巴巴的。

为了让贫困的留守妇女尽可能走出去，张霞主动与云阳县家庭教育职业培训学校联系，让肖后平她们参加技能培训。全村约50名妇女参加了家政技能培训，并都取得了家政职业资格证，有就业意愿的妇女被推荐到外面就业。肖后平取得资格证后，张霞托人在重庆给她找到一份住家保姆的工作，月薪3500元。

看着贫困户能挣钱，日子一天天好起来，张霞心里感到很满足，对扶贫工作也信心满满。

在入户走访中,张霞发现因病致贫的贫困户李桂芳情绪很低落。李桂芳患了乳腺癌,巨额的医疗费用拖垮了这个原本就不富裕的家庭。张霞了解到李桂芳的情况符合妇联"两癌"救助范围,耐心地给她讲解了资助政策,并找齐相关资料,帮李桂芳申请到了1万元的"两癌"救助金,缓解了医疗经济困难。

除了物质帮助,张霞只要一有时间,就到李桂芳家陪她聊天,做思想开导工作。在交流中,李桂芳的性格逐渐开朗了,每天在家能做一些力所能及的事。她感激地对张霞说:"张妹儿,要是没有你,我的命都没了。"

在走访贫困户中,张霞还发现一些贫困户家中物品摆放凌乱,房屋周围卫生条件差,究其原因,是他们没有养成良好的

习惯造成的。于是，她在村里组建了一支40余人的留守妇女互助组。互助组除了提供技术培训外，还引导留守妇女树立爱护环境、讲究卫生、邻里和谐、自力更生、勤劳致富等理念，农闲时引导大家在村中心广场跳坝坝舞，丰富她们的文化生活。

2016年7月，黄陵村新修的便民服务中心刚刚完工。张霞主动争取资金、设计图纸、购买设备、布置房间，不到1个月时间，一个标准化的妇女儿童之家建成了。硬件建设好了，如何才能发挥出活动阵地更大的作用？张霞主动联系县城两家幼儿园的9位老师，每月定期到黄陵村妇女儿童之家来为孩子们上素质提升课，教孩子们画画、做手工，与孩子们一起做游戏，丰富他们的课余生活。暑假期间，张霞还主动与大学生志愿者对接，邀请他们到村里为孩子们义务辅导。短短几个月时间，孩子们的学习成绩有了明显的提升，性格也渐渐开朗起来。

张霞用真心、付真情，让这些"三留守"人员在扶贫工作中提高幸福指数，用实际行动证明了女同志也能干好农村工作。

（图文：重庆市妇女联合会）

激扬巾帼之志　夯实脱贫之路

记四川省南充市妇联潘翔

2015年7月,南充市妇联办公室主任潘翔被下派到高坪区石圭镇壁山村担任第一书记。

石圭镇壁山村两山夹一沟,是典型的旱山村。全村共有472户1692人,耕地面积1132亩,贫困户61户200人。对于从未做过农村工作的潘翔来说,这是份沉甸甸的责任和使命。

潘翔到村的第一件事,就是马不停蹄地四处走访、调研、查看,了解实情,掌握第一手资料。她专程邀请交通、水利、农业专家把脉,找准了制约全村发展的四个主要原因,确定了脱贫方向。随后，她又四处奔波，先后争取到中国妇女发展基金会、深圳红十字会、市女企业家协会和农业、扶贫、组织、地税、残联等部门的项目资金67万元，市妇联也投入工作经费35万元，用于解决壁山村基础设施建设、产业发展、技能培训、阵地建设、危房改造、扶贫济困和贫困户的医疗、农保、救助等方面的问题。目前，已建山坪塘15个、集中供水站3处，新硬化村社道路7公里，完成了12户的改危重建，建成服务群众综合楼，还新装修了村办公室和会议室。

村民要致富，必须靠产业来支撑和带动。潘翔先后带领村干部和种植、养殖大户，到南充市顺庆、西充、南部县等地考察学习，开阔眼界，打开思路；邀请专家开展种植、养殖、家政、电商培训，宣传脱贫致富信息、技术和理念；还帮助村民

联系企业、跑市场、找销路，成功探索出"企业+基地+示范户+农户"的产业发展模式，先后引进竹编编织、土鸡养殖、"二荆条"辣椒种植、黑香猪养殖等企业的种植、养殖、编织项目到村里，不仅保留了村民传统种养业习惯，还增加了特色项目，更创新开辟了手工编织业的致富道路。全村逐步形成了就地生产、企业收购、网络销售的产业链，让村民无销售的后顾之忧。

潘翔引进竹编公司的编织项目，请竹编公司到村上举办了为期一个月的竹编培训，村民学到了一技之长。协调竹编公司在村上建起编织基地，村民唐桂华、刘先春等45人在竹编生产基地工作，每月就有800元左右收入，实现了"既增收又能照顾家庭"的居家灵活就业。

她鼓励村民成立了壁山村鸽业专业合作社，发动党员养鸽大户带动18户贫困户养殖了鸽子近2000只。针对贫困户，主要以发展柑橘、南瓜、花生、养鸡、养鸽的庭园经济，将以往的"慰问式"扶贫转变为"奖励式"扶贫，对产业发展见成效的贫困户实行奖励政策，极大地调动了贫困户的积极性，改变了过去贫困户"等、靠、要"的意识，激发了他们自力更生、丰衣足食的信心。

因村社道路不通，潘翔经常雨天穿水鞋，晴天顶烈日，步行入户调查了解贫困户情况。民情日记本上记满了村民的基本情况、生产能力、主要需求，并以此为依据为每户贫困户量身制订帮扶措施。对于村民的诉求，她做到件件有回应，事事有答复。

村里73岁的贫困户赖素芳，丈夫十多年前外出后杳无音信，儿子正在服刑，她独自带着10岁的孙女，仅靠低保补助生活。潘翔得知这一情况后，一方面积极向市妇联、民政、镇小学争取到救助金2500元，送去了鞋子、衣服、书籍等物资；另一方面根据赖婆婆的意愿和身体状况，帮助她养殖了蛋鸡和土鸡80只、山羊2只，栽种柑橘55株。赖婆婆高兴地告诉潘翔，她一个月卖鸡蛋就可以赚400元。

贫困户刘敏的儿子在潘翔的帮助下，通过培训掌握了电工技术，外出务工月收入超过5000元。刘敏和老伴在家养了30多只鸡和几头母猪，农闲时做些短工零活，于2015年年底成功脱贫。

潘翔还帮助村民刘承中重建房屋，帮助秦长友申办残疾证，帮助刘先杰申请低保，帮助周刚申请住院贷款，帮助五保户刘先强咨询免费就医程序……潘翔的细心、耐心和真心赢得了村民的信任。每次走到村民家,他们都热情地端茶倒水,拉着她的手有说不完的话。村民都说:"有事找潘书记,她一定能帮到我们!"

全村留守老人、留守妇女和留守儿童有860人,占全村总人口的一半。潘翔多方协调筹集资金,建立了集教育培训、创业就业、综合维权、家庭教育、文化体育、婚姻家庭、帮扶救助、家政信息等八大功能的"妇女儿童之家",帮助留守老人和妇女搭建了学习、培训、交流的平台,也为留守儿童提供游戏、娱乐、教育、卫生和社会心理支持等一体化服务的活动阵地。她协调医院定期"送医上门",200多名村民接受体检,8名白内障老人接受了免费治疗。组织4支巾帼志愿服务队开展法律咨询、健康检查、免费理发、教跳坝坝舞、举办新春联欢等。村民们由衷地感慨:"咱们村好多年都没这么热闹了,我们也过上了城里人的生活。"村里还建起了文化墙,开设了家风大讲堂,启动了"清洁农家""脱贫之星""最美家庭""最美孝星"等评选活动,文明新风逐渐吹遍全村的每一个角落。

担任第一书记以来,潘翔有过焦虑、担心、困惑、烦躁,但收获更多的是喜悦、信任、真诚、认可。在扶贫路上,她将继续用女性的细腻、细心和细致,用真心、真情和实干,用忠诚、廉洁和担当,谱写"第一书记"的绚丽篇章。

(图文:四川省妇女联合会)

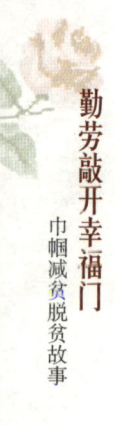

勤劳敲开幸福门
巾帼减贫脱贫故事

金凤关上"领头雁"

记贵州省黔南州长顺县鼓扬社区妇联黄茹秀

"叮……叮……"

"喂，请问是谁？"

"黄主席吗？我是金龙组的农户，我家喂的鸡苗快死了，不知道是什么原因，想请你过来看看，想办法救救。"

"好的，你不要着急，我马上过来。"

正准备为丈夫、孩子做晚饭的黄茹秀，歉意地对丈夫、孩子笑笑，骑上摩托车出了家门。这种事情对于黄茹秀来说已是家常便饭，十多年来，她的家人也习以为常了。

黄茹秀是鼓扬社区的妇女干部。她凭着坚强的意志，与村"两委"一道带领群众，用青春和汗水谱写了一曲曲与贫穷奋战的动人乐章。

带头致富　勇当"领头雁"

从小在农村长大的黄茹秀，深切感受了家乡的贫穷落后，从读书时起，立志改变家乡贫穷面貌的信念在她心中牢牢扎下

了根。2007年，刚满24岁的黄茹秀开始了实现梦想的第一步。经过实地调查了解和认真分析，她认为，木镇有着大量可开发利用的荒山和丰富的牧草资源，很适合搞种养，加上本地的绿壳蛋鸡被国家认定为地理标识产品，前景一定广阔，自己为什么不撸起袖子打拼一番事业呢？同时，她认识到，要发动大家搞养殖业，一是摆脱传统的养殖模式，选育优良品种科学养殖；二是自己要带头搞出样子来；三是利用退耕还林政策积极带领群众栽种葡萄、核桃等经济林木。

黄茹秀先用自己喂养的几十只鸡开始了摸索。有的村民对此持观望态度，有的甚至还冷嘲热讽，认为她一个小姑娘，能干出什么大事来。黄茹秀心里暗暗给自己鼓劲："事实胜于雄辩，看我的吧。"她经常向技术人员请教，镇上解决不了的问题，就跑到县城咨询，吃闭门羹也毫不在乎。县镇举办培训班，她都积极参加，认真学习，并做好记录。功夫不负有心人，通过一年多的学习和摸索，她很快熟练掌握了农村的一些养殖技术，第二年家里的养殖规模逐渐扩大到上千只鸡。经过精心管理，仅养鸡一项每年就增加收入3万多元。

看到黄茹秀养殖致富，盖起了小楼，买了小轿车，当地村民对黄茹秀另眼相看。村民陆续到她家请教，黄茹秀对村民们耐心讲解科学养殖知识，传授管理经验。凭着这种敢打敢拼和致富不忘群众的精神，黄茹秀逐渐得到了村民的认可和拥护。2014年，她被群众推选为妇联主席，2016年村委换届，被群众选举为村委委员。

啃硬骨头　铺垫"致富路"

缺乏水源是制约鼓扬镇经济发展的主要原因之一。由于鼓扬村所处地势复杂，引水灌溉投资大，施工难度也大，历届村干部只要一提到水，都存在着畏难情绪。因此，鼓扬村的缺水问题一直没有得到很好的解决。黄茹秀深深认识到，水是农业之本，必须将水的问题解决了，村里的经济发展瓶颈才能打破，农业生产才有保障。她的居住地塘寨组有段沟渠有1100米左右，由于年久失修，水流渗漏达80%以上。2013年秋，修补沟渠的建议被村"两委"采纳后，黄茹秀主动请缨承担起了这项工程的筹备工作。她先去找镇政府反映情况，镇政府领导被这位年轻人的勇气和精神所折服，当即补助6吨水泥和部分雷管炸药。她又积极发动群众投工投劳。工程的顺利实施，有效解决了155户569人的人畜饮水和农田灌溉问题。

交通不便是制约村级集体经济发展的重要原因之二。"要想富，先修路，修好路，能致富。"在解决水的问题的同时，路的问题也摆在了黄茹秀面前。她在与村"两委"班子成员达成共识后，一边争取上级的支持，一边发动和组织村民利用农闲时间投工投劳。可是工程才开始，便不得不停工了，原来，拓宽路面要占用到一户村民的菜地，这家主人不同意。去调解的村干部一个个被骂了回来。黄茹秀也上门去找该农户，话未说到三句，这位村民便破口大骂，事情僵持不下。回来之后，黄茹秀陷入了深深的思考：群众不理解，但群众利益无小事，我们的工作肯定还有做得不到位的地方。于是，她又一次登门家访，那位村民还是避而不见。接着第三次、第四次……终于，那位村民说出了缘由。原来在一次收取合医款时，一位村干部的态度十分不好，这位村民便开始对村干部产生了反感。了解到情况后，黄茹秀心平气和地给他做思想工作，动之以情，晓之以理。女性特有的细腻和温柔，终于化解了这位村民心中的疙瘩。这条长达4.5公里的工程如期竣工。这位村民对邻居们说："像黄茹秀这样的干部，我服！"

为民办事　筑牢思想防线

黄茹秀的热心肠，每个村民都能切身感受到。格浪组的进村公路修好以后，为了使这条进山公路保持畅通，黄茹秀主动承担起了公路养护的担子。平时只要有时间，她就和丈夫一起

给路上坑洼处填土方,平整路面,让村民们出行安全。村民们都说,走在这条路上,就会想起黄茹秀这样的好党员来。

2016年,鼓扬社区大山组全体村民整组搬迁到镇上的移民安置点,部分在家的中青年妇女把孩子送到学校后,就无所事事,一天到晚不是打牌就是在街上闲逛。看到这种情况,黄茹秀与村"两委"一起利用"扶贫夜校",组织广大留守妇女到社区学法律知识,到养殖基地学实用技术。在学习的过程中,加强对这些群众的思想教育,用科学道理说服群众,用真实的脱贫致富事例感化群众,让他们明白,只有靠辛勤的劳动才能创造财富,绝不会出现"天上掉馅饼"的事。在黄茹秀和村"两委"干部的积极努力下,这些村民有的到电子厂上班,有的到蔬菜基地打工,有的到养殖场就业……搬迁的群众有了事情做,更有了经济收入,实现了"搬得出、留得住、富起来"的美好愿望。

开拓进取　踏上致富小康路

抓住机遇,实施科技兴农,才是摆脱贫困的出路,黄茹秀和村"两委"达成了共识。要实施科技兴农,对于一个贫困乡镇,对于科技意识低的群众,谈何容易。可黄茹秀认为,"村看村、户看户、群众看干部",只要有样板,不怕群众不动作。于是,黄茹秀一边深入农户家中进行宣传动员,引导群众学科学、用科学,并为群众讲解新技术;一边作为表率,带头运用新科技、新成果,做好示范带动。在黄茹秀和村"两委"

的努力下，鼓扬社区广大群众的科技意识不断增强，致富能力逐渐加强，致富能人越来越多。在黄茹秀的建议和努力下，鼓扬镇有许多农户都入股公司（基地或合作社）分红，利用"特惠贷"发展种养殖，实施了鸡—林—沼—粮生态工程。2016年3月，注册成立了金凤关联富绿壳蛋鸡养殖农民专业合作社，现有社员428户，其中贫困户208户。通过扶贫开发项目的实施，群众收入不断增加了农村卫生条件和村容村貌得到了明显的改观。

站在金凤关上，放眼望去，草木葱郁、生机盎然，栋栋鸡舍大棚掩映在青山树林之间，鼓扬桥上风景尽收眼底，上万只绿壳蛋鸡欢快地在杂草林中觅食……黄茹秀说："我入党不是为了别的，而是想在党的这个大熔炉里得到再锻炼和再提高。群众推选我为村干部，我也不图什么，而是想把为群众服务的本领练得更扎实，早日让贫困群众过上好日子。"这就是黄茹秀，一个大山的女儿，一个普通共产党员的坚定信念；这就是黄茹秀，金凤关的"领头雁"，一个基层妇女干部的不懈追求。

（图文：贵州省妇女联合会）

"为人民服务"的美好人生

记云南省施甸县姚关镇妇联张为美

作为一名驻村工作的镇妇联主席，她毅然扛起了带领老百姓增收致富的责任，把满腔热情和青春热血洒在了这块美丽的土地上，30年如一日，默默无闻地用实际行动诠释了"为人民服务"的入党誓言。她就是保山市施甸县姚关镇妇联主席张为美，一名长期驻守在姚关镇山邑社区的工作队员。

群众工作"一条路"

眼下,进入山邑村的水泥道路阡陌纵横,湖光山色美景映入眼帘,经过多年的发展,山邑村变美了,老百姓的生活也是越来越好。但是在1997年张为美刚到山邑村的时候,村庄的大小道路都是土路,雨季时,每一条道路都泥泞不堪,群众出行要把裤脚卷到膝盖以上,妇女和孩子都没法出村赶集。张为美刚到山邑村,第一件要干的事就是带着老百姓修路。

张为美和村"两委"统一好意见后,决定先修4公里多的进村道路。没有钱怎么办?张为美带着村干部和妇女代表挨村挨户动员,大力宣传"要致富,先修路"的理念,动员群众不等

不靠，自己动手修自己走的路。修路要砍倒群众家的竹子，拆掉厕所、猪圈，当时这些人家都很不理解，有很大的情绪。张为美每天登门拜访拉家常，耐心倾听群众的困难和想法。那段时间，她起早贪黑，白天进行道路测量，晚上入户做工作。4个月的时间，大家有钱出钱，有力出力，在当年的12月底，村里的第一条沙子路修成了，她也瘦了一圈。

张为美住在村上，连续几天不能回家，当时娃娃正在上小学，想妈妈了，张为美就请孩子爸爸把孩子送过来看看。看着多日不见的女儿，她很愧疚和自责。

接下来的十多年，张为美带领村"两委"积极争取项目，改善基础设施，全村人修路的热情高涨。如今，全村的大小道路全部实现了水泥硬化。张为美说："群众工作这条路一开始虽然很难走，但是只要自己用心地付出，风雨过后就会见彩虹。30年走着这条路，我觉得很幸福。"

解放思想"一片湖"

夏季，千亩荷花盛开，游人如织。游客驻足此地，游山玩水，在湖中小亭赏荷品茶，在野鸭湖畔农家乐喜尝地方生态特色美食……如此美景之下，有谁能想到旅游产业发展之初的起步是何等艰难！

杨福卫说到村里的变化，感慨万千："我对不起一个人，就是张为美。当时我们骂她的话很难听，现在想起来，我们的眼光落后了10年哪！"2002年，姚关镇党委政府提出了旅游兴镇的战略目标，决定在山邑村打造生态旅游示范，结合山邑具有3000亩野鸭湖湿地的地域优势，在山邑村实施退田还湖工程。决定下来后，村上要负责做好流转土地的工作。面对自己种的田要流转的现实，很多村民不理解，不支持。杨福卫作为小组长，第一个站出来反对，见到张为美就躲起来骂，他们说："要是张为美不来山邑，我们怎么会连田也不得种？"张为美顶住了重重压力，坚信党委政府的决策一定会改变山邑村妇女姐妹的命运，一定要把这一项光荣而艰巨的任务落实下去。她把泪水擦干，调整好工作思路，把村里的工作人员分成了4个小组，每组负责几户人家，讲清楚发展生态旅游给村庄带来的好处，举例子、讲道理、算经济账，一次不行，两次，三次……在张为美的劝导下，大部分群众的工作做通了，但还是有少部分人不同意。张为美又一次一次登门拜访，还组织村里的妇代会代表、党员、小组长到腾冲考察，解放思想，增长见识。功夫不负有心人，村里的246亩土地全部同意流转出来。

第二年夏天，野鸭湖湿地生态观光游吸引了四方游客，山邑也从一个闭塞的小村庄变成了远近闻名的特色村，很多妇女发展起了农家乐、龙虾养殖、野鸭养殖、荷花种植等产业。随后的十多年时间，山邑村在各种项目扶持的带动下，基础设施发生了翻天覆地的变化，人民群众的思想观念也逐渐转变，慢慢地从农业产业中跳出来，从事加工业、商业、服务业、建筑业的人数逐年增多，成为姚关镇经济发展较好的社区。村支书杨绍武向张为美竖起了大拇指，由衷地称赞："张为美解放思想敢想敢干，她就是我们妇女的领头雁！"

浓浓乡情"一个家"

2015年，考虑到张为美在山邑工作的时间太长，家里老人需要照顾，组织决定将其调至蒜园村。当文件发到山邑村时，党员、妇委会、小组长、村"两委"再三请求组织一定要留住张为美。山邑村主任杨显洲说："山邑村的继续发展不能没有张主席，张主席就是我们的主心骨。"

"现在我在山邑干什么工作都顺手了，老百姓比较信任村'两委'，我和这里的人们相处得就像亲戚朋友一样了。"18年在山邑工作，张为美把这里当成了自己的家。她把老百姓的事当成自己的事，老百姓把她当亲人，妇女把她当成自己的亲姐姐，村"两委"把她当成家长，张为美也舍不得离开山邑。

（图文：云南省妇女联合会）

用真心真情　助力脱贫攻坚

记西藏自治区拉萨市墨竹工卡县甲玛乡欧珠群措

2016年，欧珠群措被派驻拉萨市墨竹工卡县甲玛乡赤康村担任村党支部第一书记，驻村以来，她积极投入精准扶贫精准脱贫中，走村入户开展调研、帮扶工作，取得了良好的成效。

走村入户深入调查　全面细致体察民情

欧珠群措驻村后，首先通过村"两委"班子和驻村工作队了解赤康村的基本情况和村中比较贫困的农户情况。在村干部的带领下，用了几周时间对村中4个村小组的贫困户、五保户、困难党员户、村干部、致富能手户、大学生和辖区内寺庙、拉康等进行走访，了解了赤康村的基本情况，熟悉了本村各个小组的具体位置、本村的具体民俗习惯及农民的基本生活条件。除定期向领导汇报工作外，欧珠群措坚持每日必到村里开展工作，双休日经常都在村里，把上级对第一书记驻村的要求做到位。

倾听群众心声　为民排忧解难

到村委会工作的第一天，欧珠群措积极主动参加到拉萨晚报社工会委托驻村工作队为赤康村建立起村级工会组织的工作中，之后还发展了工会会员108名，通过工会组织向贫困村民进行帮扶。其中仁青岗小组村民旦增入会后，立即得到工会的帮助，为其小孩治病解决诊疗费用2.6万元。这一系列普惠于民的项目、政策，为赤康村脱贫致富及产业发展提供了有力的保障，得到了群众的赞誉。

欧珠群措到赤康村进行走访调研时发现，水渠和饮水问题影响着农牧民的日常生活。她通过争取项目资金，帮助全村4个村民小组修建水渠，全长8400米，购买钢筋、水泥，将原有的沙土水渠全部改建成混凝土水渠；村民修建网围栏出现资金缺口，她通过与拉萨晚报社驻村工作队沟通，得到资金资助，帮

助村民修建网围栏1000米。晚报社驻村工作队出资2.1万余元为邦那村民小组修建了人畜饮用水水池，耗资19.38万元为布拉、邦那两个村民小组安装太阳能路灯62盏，方便了村民的夜间出行和回村。

为了让贫困户脱贫，欧珠群措、村"两委"和驻村工作队积极为弱势群体向市扶贫办及上级部门争取扶贫资金，帮助贷款，由"输血式"扶贫向"造血式"扶贫转变，使建档立卡户收入不断提高，促进了全村经济的快速增长。经过几年发展，赤康村的经济快速增长，2016年，赤康村42户建档立卡户中：转移性就业7户，每户平均月收入增加2000元；解决生态岗位41户，平均每户每年收入12000元；42户建档立卡户中有5名大学生，大学生的学费全报销，每月有300元的生活补助，大大减轻了建档立卡户的经济压力；产业扶持：华泰龙公司和工贸公司每年给每个村民分红，此项扶持有效提高了村民的经济收入；

42户建档立卡户中有5户搬迁到墨竹工卡县嘎则新区，有3户搬迁到拉萨，为村民解决了无房户的问题。

通过以上措施，2016年年底，赤康村全村达到整体脱贫，部分群众生活水平达到了小康。

无私奉献　尽心尽力

欧珠群措的家乡远在西藏昌都市八宿县，家中尚有年迈的老母亲和年仅4岁的孩童，孩子体弱多病，是欧珠群措最大的牵挂。每每想到孩子在夜晚的啼哭声，而自己却远在他乡，无法陪同孩子成长，欧珠群措都不禁流下泪来。2016年8月，孩子突然病情加重，欧珠群措不得不请假回家照顾孩子。刚到家时，孩子眼神陌生，难受地啼哭，却不让妈妈靠近，欧珠群措只能默默地流泪，不停地跟孩子说对不起，并许愿这次能陪他久一些。可是第二天接到村主任电话求助，说村里没有她不行。欧珠群措看看年迈的老母亲和刚开始愿意喊她妈妈的孩子，又想想村主任电话里的无奈，毅然决然地回到工作岗位上。2017年11月，赤康村42户建档立卡户圆满完成脱贫困帽任务，这是对她工作最大的肯定。

赤康村农牧民过上小康生活的目标很快就能达到了，相信赤康村人民的日子会过得越来越好。

（图文：西藏自治区妇女联合会）

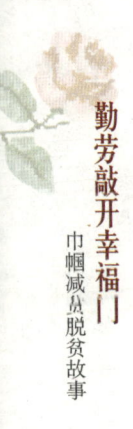

把村民当亲人
用真情和实干带领乡亲们脱贫致富

记陕西省妇联王青芳

她,全国人民满意的公务员;她,陕西省三八红旗手、省岗位学雷锋标兵;她,陕西省优秀第一书记;她,中共中央组织部编印的《第一书记》中抓党建促脱贫攻坚案例入选人。她就是国家级贫困县宁强县青木川村第一书记——王青芳。

王青芳出生于1969年,中共党员,现任陕西省人民政府妇女儿童工作委员会办公室专职副主任。2015年7月,她被省妇联选派到汉中市宁强县青木川镇任党委副书记、青木川村"第一书记"兼驻村工作队队长,开始了她与青木川不解的脱贫致富情缘。

青木山水注真情

初到青木川,"碧水绕村寨,青山映田园"的田园风光让生活在大城市西安的王青芳倍感惬意。然而,随着工作的深入,真正走进这幅画卷时,王青芳才感到肩上的担子沉甸甸的。王青芳深知,要担好"第一书记"这副担子,首先要与这

里的一山一水和村民群众建立起深厚的感情,把自己变成"村里人"。

"底子清才能方向明、措施实",领导的嘱托不时在王青芳耳边回响。入村伊始,王青芳从学当地方言、走村入户拜访开始,逐步拉近与村民的距离,只为摸清村情、民情、民风。8月的青木川,阴雨连绵,她用1个月时间跋山涉水,步行200多公里,实地走访察看了267户村民家庭。在贫困户胡兰兰(化名)家里,12岁的女孩段美萍,个头只有五六岁孩子那么高,腿部骨骼严重变形,脸部大面积色素沉着,行动不便,无法入学。看到这一幕,王青芳心如刀绞,抱着孩子流下了怜惜的泪水。

在下村的首次村民代表会上,王青芳说:"自从我来的那

一天，我就是咱村里的人，就是和大家拧到一起改变村里的贫困面貌！"话语间，响起了热烈的掌声。王青芳深知，这掌声饱含的是人民群众对扶贫政策的期待之声，饱含的是人民群众对第一书记的拥护之意！她暗下决心：要把村民当亲人，把村里的事情当作自己家的事情，要倾注所有心血，真情实意地带领乡亲们脱贫致富。

脱贫帮困使真劲

在陕西省妇联及市、县、镇领导的大力支持下，王青芳带领村"两委"以建档立卡的65户贫困家庭为重点，提出了"输血与造血、长效与短效、扶贫与扶智、生态建设与脱贫致

富""四结合"的扶贫思路，推行"五抓"实施方案。

抓党建扶贫：王青芳说："旗帜就是前进方向，旗帜就是精神力量。村党支部在村民心中就是一面旗帜。"为此，她和支部"一班人"把做好基层党建、建强基层队伍作为首要任务来抓，组织开展"担当型村党支部"创建活动，叫响"干部带着党员干 党员带着群众干"的最强音，振奋群众脱贫信心，以党员干部实干、真干、苦干的实际行动，在群众心中树立起基层党组织和党员干部的良好形象。

抓教育扶贫：在与村民的接触中，王青芳发现他们反映最多的是娃娃们读书少、见识少、人才少。王青芳意识到，贫困在教育，落后也在教育，这就是贫困的"根"。要斩断穷根，必须得从娃娃抓起，从教育抓起。在省妇联"结亲连心"活动的带动影响下，王青芳四处争取资源开展大学生志愿服务、童谣传唱社会主义核心价值观、"三秦父母大讲堂"、慰问边远山区教师活动、援建"爱心书屋"、捐赠文具衣物、举办留守儿童夏令营等多项捐资助学、帮教活动。在她的努力下，青木川这座大山里的孩子们终于也能享受到优质的教育资源，可以通过多种渠道了解山外的世界，点燃了孩子们学习奋斗、摆脱贫困的人生梦想。

抓旅游扶贫：青木川旅游资源丰富，发展乡村旅游、壮大旅游产业，脱贫帮困才有后劲和"发力点"。王青芳挖掘区域优势开展宣传，创建妇女手工艺精品展示基地，羌绣合作社，连续两年借力杨凌农高会平台宣传推介，组织百名女摄影人走进青木川，系列作品在G20集团妇女会议、G20农业部长会议上巡展。在她的多方争取下,"吉祥中国2017农民春节联欢晚会"在青木川隆重举行,掩映在青山绿水之间的青木川,终于通过电视节目在全国观众面前绽放风华。

抓项目扶贫:在扶贫工作实践中,王青芳发现,有劳动能力的贫困户通过帮扶可以自力更生逐步走上致富路,但一些因为疾病、残障、单亲无特长、丧失劳动能力的"鳏寡孤独"群众脱贫仍然是难点。怎么让这些人也能有一份相对固定的收入呢?这成了王青芳心里放不下的惦念。她把目光聚焦到了既不影响青木川的旅游和生态环境,同时运营管理还很便捷的新能源光伏发电项目上。在省妇联、宁强县政府和50多家爱心企业的大力支持下,2016年,光伏发电项目终于落地青木川。王青芳还因地制宜,积极开展贫困母亲救助、儿童成长家园等项目,先后筹措资金300多万元,为当地群众兴办好事实事30余件。

抓产业扶贫:在王青芳带领下,村两委在配合镇和管委会把青木川旅游这个品牌叫响、做大的同时,发挥党员模范带头引领作用,每个村干部领头创办一个示范项目,带动贫困户就地就业增收。他们下茬立势去穷根,创新发展模式,采取省妇联提供启动资金、地方财政配套、爱心企业资助,村集体提供土地的模式,投入资金205万元,克服水泥沙子用料等都用马帮和人工往山顶运的重重困难,成功实施光伏发电项目,每年可扶贫增收15万元。产权归村集体所有、收益由集体与农户按比例分配,实现了贫困户的可持续增收和村集体经济零的突破。

摄影：李正社

群众冷暖系真意

　　青木川距陕西省省会西安529公里，来去路途遥远，中途乘火车、倒汽车，顺利的时候单趟行程也要花10个小时左右。驻村的三年里，王青芳往返青木川上百余次，行程数万公里……不仅如此，她还四处拜访游说相关专家、企业家、爱心人士800余人次，只为给青木川筹到更多善款、拿到更多项目。即使在女儿高考、母亲患病住院的情况下，她仍把主要精力放在青木川脱贫攻坚的岗位上。"说实话，中途思想上也曾有过波动退缩，"王青芳说，"但每当想起组织和领导的嘱托，想起乡亲们的真情期待，我还是毅然决然地选择担当和前行。"

　　"第一书记"这段特殊的人生经历，在王青芳眼里，是她一生中最宝贵的精神财富。她说，"这种政治上的历练、作风上的锤炼、意志上的磨炼、党性上的锻炼是从未有过的"。王青芳就是这样以对党的事业的无限忠诚，以把村民视如亲人的质朴情怀，以脱贫攻坚为己任的责任担当，用实实在在的行动和作为，全身心地投入改变青木川村贫困面貌的攻坚战斗中，彰显了一个优秀共产党员的时代价值，被村民们誉为"我们的好当家、贴心人"！

（图文：陕西省妇女联合会）

助力脱贫攻坚　推动巾帼建功

记甘肃省玉门市柳湖乡妇联陈晶

她个头不高，看似文静却又带了点儿倔强和执着。每天都能看到她从农户家一户接着一户地穿梭，手中经常拿着笔记本，走到哪里记到哪里。"工作要干就要干好，干不好还不如不干，每一天要对得起自己。"她是这样说的，也是这样做的。她，就是玉门市柳湖乡扶贫干部陈晶，2016年换届之际，被推选为柳湖乡妇联主席。

勤于思考，想方设法使自己先学一步

柳湖乡是疏勒河移民开发项目以整建制形式，由地方政府参与建设并移交管理的新建移民乡镇之一。全乡辖5个行政村，20个村民小组，共有农户1122户5525人；农村妇女2000人，占总人口的36%，耕地面积3.28万亩，群众收入主要来源于特色种植业、养殖业以及外出务工等。2015年，全乡建档立卡贫困户287户1173人，其中贫困妇女462人，占贫困人口的39%。

作为扶贫专干，陈晶充分认识到自己肩负的责任重大，但

如何才能理解好国家扶贫政策精神，掌握好省、市、县、乡的部署要求，尽快熟悉所有的扶贫业务，怎么才能转换好自己的角色，当好领导的参谋和助手，是摆在她眼前亟待解决的问题。带着这些问题，陈晶从国家的方针政策、省市县委的具体部署要求方面入手，从市上找、网上查、翻文件、寻方案，邀请市里的专业人员、懂业务的扶贫人员来村上亲自教、传经验，从不漏过一个学习机会。通过认真的学习和实践锻炼，她加深了对扶贫工作的认识和了解，坚定了落实扶贫政策的信念，政治敏锐性明显增强，为人民服务的宗旨意识进一步强化，在协调解决群众反映热点难点的问题工作中，深切感受到群众利益无小事。

尽职尽责，认真当好贫困妇女"娘家人"

作为扶贫专干，陈晶认真学习党的方针路线政策，始终把政治规矩和组织纪律摆在前面；作为妇联主席，她充分发挥妇女半边天和妇联组织桥梁纽带作用，工作中到位不越位、帮忙不添乱，对省、市、县、乡的各项政策，第一时间组织"两委"班子进行学习传达，在全乡《贫困户基本情况表》中明确增加"妇女基本情况"，全面掌握贫困妇女脱贫需求信息。她把精准扶贫、精准脱贫融入各村妇联组织建设工作中，以"妇女之家""妇女儿童家园"为主阵地，加大宣传力度，向广大贫困妇女宣传党和政府针对脱贫攻坚出台的政策、举措和民生项目，宣传柳湖乡精准扶贫、精准脱贫的具体措施，着重宣传依靠自力更生脱贫致富、创造美好新生活的妇女先进典型，充分发挥了"宣传队"和"发动机"作用，引导贫困妇女克服"等、靠、要"思想，发扬自尊、自信、自立、自强的精神，依靠自己的拼搏和坚持尽快脱贫。通过她和村妇联的紧密配

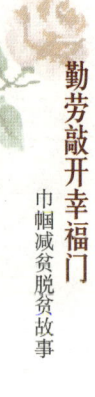

合,各村妇联组织的科学决策能力不断增强,带领群众脱贫致富的战斗力、凝聚力不断增强。

勇挑重担,全员动员使贫困群众切实受益

基层精准扶贫、精准脱贫的重点,就是要在因村因户施策、细化帮扶措施上下功夫。陈晶认真学习了省、市委关于精准扶贫工作的重要指示精神,切实把省委文件和市委工作机制同柳湖乡帮扶实际情况相结合,会同乡村组干部先后十余次入户调查摸底,帮助贫困户分析致贫原因,查找问题症结,商讨发展计划,反复对比算账,找准了15户帮扶户的贫困属性、致贫原因、帮扶意愿,科学制订帮扶方案,细化各项帮扶措施,做到了长远有目标、年度有计划、实施有步骤、阶段有重点。同时,建立工作台账,实行帮扶销号制,确保了各项帮扶措施精准落实。围绕拱棚种植、羊只调引、秋季复种、劳务输转等帮扶措施抓落实,坚持每周定期深入贫困户家中了解各项帮扶政策落实进展情况,督促各项帮扶政策落实。两年多来,全乡贫困户共调引基础母羊2115只,搭建钢架拱棚200座,改扩建暖棚圈舍100座,输转劳动力50人。实现稳定脱贫258户1074人;剩余35户116人还需巩固提升,将贫困发生率控制在2%以内。

以身作则,真抓实干发挥"半边天"作用

环境卫生综合整治工作开展以来,陈晶为充分发挥妇女作

用，及时组织召开各村妇联组织会议，进行了全面发动，利用多种宣传工具，采取多种形式，对卫生整治工作进行宣传和引导，形成了浓厚的舆论氛围。号召全乡妇女行动起来"争做巧媳妇，不做懒婆娘"，制定"树巾帼典范，建温暖之家"环境卫生标准，印发宣传单4500份，发到家家户户，参与妇女2000人。陈晶经常与村干部一同深入群众家中走访谈心，到居民区积极投身于环境卫生整治中，组织村民开展"最美庭院"创建活动。她还处处为村民带头做示范，使很多家庭的庭院达到净化、美化、绿化标准，水、厕、灶、圈达到整洁化、卫生化。

陈晶用心血浇灌着全村的扶贫事业，在群众心中，她是一个为群众的利益甘于用心、跑腿跑路的人。她用自己的行动，兑现了人生诺言，树立了一个共产党员的形象。

（图文：甘肃省妇女联合会）

勤劳敲开幸福门 —— 巾帼减贫脱贫故事

牢记使命 努力推进后进村的美丽蜕变

记青海省妇联姚阳

姚阳是青海妇女儿童发展基金会秘书长。2015年10月，受青海省妇联选派，任西宁市湟中县上新庄镇上峡门村第一书记。

上峡门村海拔2980米，是相对闭塞且传统的回族村落，也是县上出了名的"问题"村。全村共有206户，常住人口996人，其中党员19人，女性488人，有贫困家庭11户，贫困人口30人。上任以来，姚阳牢记党的使命，依靠妇联组织，充分发挥"巾帼不让须眉"的斗志，为坚决打赢精准脱贫攻坚战做了一

些力所能及的工作。

上峡门村农户经济主要以种植油菜、小麦、洋芋等传统农作物和牛羊育肥为主。土地贫瘠，产量少，靠天吃饭的种植结构，闭塞的交通、落后的观念、市场经济意识差等因素，严重地阻碍着集体经济的发展。加之前几任村委会财务管理、村务不规范等问题，使得村上干群关系紧张，人心涣散，该村被组织部门确定为"后进村"，这些问题也成为上峡门村群众致富路上的重重障碍。

姚阳多年在机关从事妇女工作，对她来说，开展农村工作是一项全新的挑战。她深知在一个深受传统观念影响的回族地区开展工作，对于一个女干部来说一定会面临很多困难和考验。当时上高三的儿子正在备战高考，姚阳很担心自己驻村工作会影响对孩子的照顾，甚至会影响到孩子的学业，这些问题让她对即将开展的扶贫工作忧心忡忡。就在她忐忑不安时，基金会领导来村看望和慰问驻村干部，鼓励她说："尽管前进的道路困难重重，但是越是困难，越是富有挑战的工作，才更能体现一名干部的能力和水平。"这句话激励着她、鞭策着她，她想，应该尽自己最大的努力，把扶贫工作作为自己人生的一次历练，好好珍惜这次难得的机会。

驻村后，姚阳把加强村支部建设，转"后进"为"先进"确定为工作目标，加大力度，突出村务党建这个基础点，开展了一系列富有成效的工作。

首先，对村党员活动室进行了重新修整，为该村争取了两台电脑及一台打印机，并通过省妇联的大力支持购置了5000元的办公用品，使村委办公环境得到了有效改善。为确保精准扶贫工作顺利开展，她通过多种形式对贫困户进行分段调查，详细了解家庭状况，对贫困户摸清底数、提高扶贫精准度，按照"一户一策"建立台账，制订年度目标、阶段计划和帮扶措施，使精准扶贫工作更切实际、更具有可操作性。

其次，抓好村党支部建设。通过悬挂横幅、宣传标语、开展座谈讨论、集中学习、上党课、送学入户等多种形式，加强党员的思想教育理论和政策学习。通过召开支部会议和村民代表会，多方听取群众对全村经济社会发展的意见建议，先后收集了加强党支部建设、村文化广场建设、村公路建设、村民健身、整治河渠、村庄亮化等意见建议，并逐条协调有关单位和部门加以落实和解决。针对部分党员白天外出务工忙的实际，支部就组织党员利用晚上时间集中开展学习教育，重温入党誓词，学习党章党规，学习讲话，党员们相互交流探讨、撰写心得，并结合本村在经济发展中存在的问题及今后的发展思路提出了很好的意见和建议，收到了良好的效果，党员们学习的自觉性和热情进一步提高。党支部成员还到其他优秀党支部进行观摩学习，通过认真听取村干部介绍开展工作经验方法、查看资料、实地走访等方式进行交流学习。

驻村工作后，姚阳了解到上峡门村因受传统观念的影响，没有专人从事妇女工作，村里也一直没有成立妇女组织，妇联工作长期由男会计兼任，村上妇女的文化活动没有开展过。姚阳经过认真摸底调查、入户走访，反复在妇女群众中开展宣传动员，多方听取意见物色妇代会人选，并多次深入农户家中与

妇女骨干谈心谈话，做思想动员工作，让妇女们明白，她们在扶贫工作中也能发挥出巨大作用，她们也是家乡脱贫致富的主力军。一番努力后，终于在上峡门村成功举行了妇代会主任选举大会，选出了年富力强，又有激情干事的妇代会班子，使村里有了自己的妇女组织，为扶贫工作顺利开展奠定了良好的基础。这次选举工作的成功举行也让姚阳对开展扶贫工作树立了信心。

随后，姚阳趁热打铁，相继开展的系列活动让这个静静的小山庄开始热闹起来。在省妇联的大力支持下，姚阳先后为上峡门村争取了贫困母亲救助、儿童助学项目、发放母亲邮包、创建"妇女之家"，还成功举办妇女串珠、丝带绣、烹饪和牛羊育肥畜疫防治等实用技能培训班。每次培训都让她惊喜地看到大家渴望学习技能的强烈愿望，群众学习的热情一次次被激发，送到家门口的技能培训让老百姓尝到了甜头。从最初报名者寥寥无几，到后期学员们挤满了整个会议室，学员们早来晚

走、相互交流，只想通过学习培训让学到的东西再扎实一点儿、再实用一点儿。通过培训，利用网络平台自主创业、开展串珠编织的带头人也出现在上峡门村。上峡门村党支部与省妇联机关党支部先后开展了讲党课、观摩警示教育基地、参观省科技馆、开展保护环境、清理垃圾等党日活动，组织党员走进妇联机关参观学习并开展座谈讨论，创造条件让党员们加强沟通和交流，进一步激发上峡门村党员建设家乡的热情和决心。

为了帮助村子协调解决乡村道路、文化广场、体育器材、农户饮水、水渠改造等群众反映突出的问题，姚阳走村入户、实地调研，起草项目文本，多次往返省、县交通、水务、文体、扶贫、建设、组织等部门协调争取项目支持。上峡门河道改造项目由省水利厅立项支持项目经费170万元开工建设。她还通过省妇联和有关部门积极争取到御寒棉衣、棉鞋、运动服、婴儿奶粉、贫困学生助学款、校园安全应急包、健身器材等物资和资金，还为镇上及村里听力残疾的村民争取了100台助听器，以帮助他们改善生活质量、提高生活品质。从甘河工业园区通往上峡门的公路也修进了村子。

一点一滴的工作，拉近了姚阳与百姓之间的距离，群众认识了她，对她主动问候、问寒问暖，给了姚阳更多的感动和激励。姚阳看到了村子的变化，党员大会能够按时召开了，群众大会上群众的参与热情高涨了，村民的纠纷少了，村里卫生整洁干净了，村容村貌改变了……上峡门村美丽的蜕变，让她感到无比欣慰和自豪，更令她对全村摆脱落后的面貌充满了信心。

(图文：青海省妇女联合会)

驻村路上的扶贫情

记新疆维吾尔自治区精河县委巴得曼

巴得曼是精河县委农办的一名干部，2016年10月，担任了茫丁乡肖乃村第一书记。巴得曼外表温柔、安静，但在短短8个月的时间里，她与"访惠聚"工作队帮助村"两委"班子想办法，多措并举带领村民开办糕点合作社，拓宽群众致富路，使村民靠着手工糕点制作走出了一条"甜蜜"的致富路。

巴得曼通过走访入户了解村情民意，体察到了老百姓日常

生活的需要和真实想法。只有自己掌握足够的各项惠民政策和知识，才能把党的各项惠农政策及时传达到每个家庭。驻村期间，她主动转变角色，深入田间地头、深入农户、深入群众，扎实开展入户调查，与村民在农田里共同劳动，为他们种植什么、做什么、干什么才能有更高的收益，细算经济账。

经过走访，巴得曼了解到在前两批"访惠聚"驻村工作队的帮助下，村里的精准扶贫户吐地古丽开了一家糕点房，她的糕点在精河小有"名气"。巴得曼觉得贫困户能发挥自己的专长脱贫是一件好事，对村里妇女也是一种正能量的宣传。经过近半个月的走访了解，巴得曼发现村里有制作糕点手艺的妇女还真不少，但是开店经营的寥寥无几。

41岁的博斯康引起了巴得曼的注意，她了解到这两年在政府和"访惠聚"工作队的帮助下，博斯康参加糕点培训班，做起了糕点生意，还收了几名徒弟，成立了糕点合作社。巴得曼一有时间就去博斯康糕点合作社转转,她发现合作社因设备的问题,经营受到了影响。给博斯康糕点合作社解决烘焙设备,成了巴得曼的一个"心病"。经过协调,巴得曼和"访惠聚"工作队一起为博斯康糕点合作社送来了镇政府扶贫办帮忙购置的大型烘焙设备。博斯康没有想到,巴书记会把她的困难放在心里,感激之情溢于言表:"巴书记才来一个多月,却把我们的大事小情记得比谁都清楚,凡事打心眼里替我们着想,感觉就像多了一个妹妹,特别亲近。"

巴得曼用心了解贫困户的心理,为贫困户想办法,鼓励、支持贫困户。她组织培训、带领贫困户参观学习,支持妇女创业,极大地增强了贫困户的发展信心。在村干部看来,巴得曼就是这样一个喜欢琢磨、积极行动的人。除了思路对、措施全之外,巴得曼还非常善于发动身边的亲朋好友参与志愿服务活动。

如今,肖乃村精准扶贫户能自食其力,少数民族妇女勇敢地迈出一步,发挥自身专长,走向致富路。看着这些变化,巴得曼非常欣慰:"这8个多月的努力还是有成效的,肖乃村走出一条甜蜜的致富路,是我们的美好心愿和努力的方向。"

巴得曼用脚步丈量民情,用心灵倾听民声,用思路推动发展,把党的关怀送进肖乃村的家家户户,让扶贫之花在肖乃村绽放,身体力行地谱写了一曲赞歌。

(图文:新疆维吾尔自治区妇女联合会)

巾帼人生扬风帆

记新疆生产建设兵团第二师29团王振辉

王振辉是29团13连的一名党员干部,担任着技术员、妇联主任、女工主任等工作重任,是领导的左右手,是职工的技术顾问,更是妇女群众的贴心人。

王振辉从事园林技术工作30年,她不断地努力学习新技术,只为更好地服务大家。在职工群众中,你会经常听见"技术员通知打药了,技术员通知领花粉了……"为了毫无遗漏让每一个人都知道农情,王振辉骑着自行车挨家挨户地通知。

为了早日实现团场的经济发展战略和各项奋斗目标,王振辉把自己完全"浸"到了田间地头,每天早出晚归,晴天一身土,雨天一身泥,足迹遍及全连农业生产的各个角落。她对全连3300亩耕地情况了如指掌,并在农业生产中适时提出农业种植产业化结构合理的可行性计划,为逐年增加农牧民收入探索出了一条捷径。一分耕耘,一分收获,王振辉同志不仅掌握了13连生产状况,而且与各族群众成为知心朋友。

2016年6月的一天,职工吴晓燕给王振辉打电话:"我们家的果园出现了小红点,万一卖不出去怎么办,这可是我们家的命根子啊!"王振辉立刻说:"你不要着急,我上果园看看是什么情况,才能对症下药。"她不顾40℃的酷暑,骑着自行车就出门。经过几番研究,她终于确定了果园遭受的病虫害,吴晓燕按照王振辉说的开始打药。结果病虫害治住了,她非常感谢王振辉。

2016年11月14日,王振辉到杜尔比村,与木合它木家庭结对认亲。木合它木一家4口人只有6亩果园,由于病虫害防治不到位,果园收入较低,生活条件一般。木合它木家有两个女儿,大女儿木娜瓦刚上一年级,汉语学得不太好,考试成绩一般。小女儿美合热班2岁多,没有上幼儿园。王振辉帮助木娜瓦学习汉语拼音,耐心地教她。王振辉加了木合它木妻子的微信,孩子有不懂的地方,就在微信里联系。日久生情,她们相处得像姐妹一样。每次去木合它木家,王振辉都不忘记给两个孩子带吃的和学习用具。

冬季,王振辉利用休息时间,为木合它木讲解和指导香梨修剪技术,使果园的修剪达到通风透光,结果枝组摆布得更合理。在果园防治病虫害方面,她及时提供技术指导。

2016年古尔邦节,王振辉和丈夫去探望木合它木。可当他们拎着礼物进门时,听见木合它木和妻子在吵架。夫妻俩见他们来了,强颜欢笑着邀请他们进门。王振辉心里清楚,他们肯定有什么事情。吃饭的时候,她悄悄地问木合它木的妻子,木合它木的妻子把她当作亲姐妹一样对待,就把事情的来龙去脉告诉了王振辉,原来夫妻俩正为孩子的学费着急。果园连年受灾,没有什么收入,孩子的学费没有凑够。王振辉夫妻当时就

拿出1000元塞到了木合它木的手中。木合它木夫妻俩顿时感动得落泪，不知该说什么好。

在帮助大家解决技术上困难的同时，王振辉还积极帮助团场职工解决生产中遇到的各种困难。2015年，部分职工香梨园遭受冻害，受灾香梨急需采摘出售。她组织发起爱心采摘行动，帮助职工采摘销售，积极联系卖家前来购买，使受灾职工的香梨几天内销售一空，为职工群众减少损失12余万元。

在平时的走访中，王振辉了解到部分职工种了大棚果蔬，但由于缺乏技术和管理经验，种植的蔬菜收益甚微。她积极参加技术培训班，学习书本知识，再一遍遍地做实验，为职工发展设施农业进行实地"把脉"，并定期为职工培训温室大棚种植技术，解决了职工发展蔬菜大棚的技术难题，为职工创收50余万元。

2016年的春天，职工邓娟想发展棚内种植冬枣，近几年冬枣市场供不应求，具有极高的经济价值。但由于缺少管理经验，第一年枣树成活率只有50%。后来经王振辉查看，原来是枣树的移栽时间不对，移栽时间应在春秋两季。她又问邓娟今年开花期浇了几次水，邓娟回答："就跟香梨树一起浇的，也就两次。"王振辉说道："难怪呢！冬枣树管理与其他树不同，冬枣在生长前期需要水量大，1年苗土壤需长期保持湿润，尤其在开花期，果实成长成熟，长期不能缺水，缺水易导致落花落果，水分适宜，利于授粉受精，提高坐果率。"邓娟顿时恍然大悟，由衷地感谢王振辉。

王振辉就是这样，永远把别人的事当作自己的事，以榜样的力量感召和凝聚人心，用行动践行着共产党员的诺言，用心帮助每一个人走上致富路。

（撰文：新疆生产建设兵团妇女联合会）

无怨无悔的奉献与担当

记全国妇联组织部高宏亮

作为全国妇联组织部的一名年轻干部，高宏亮于2015年7月，积极响应到基层、到艰苦、到偏远、到贫困地区的号召，报名赴甘肃省漳县盐井乡立桥村担任第一书记。任职以来，他克服生活、家庭和工作上的困难，严格履职尽责，用实际行动诠释了一名年轻干部的奉献和担当。

高宏亮所任职的立桥村共有354户，1664人。全村辖11个村

勤劳敲开幸福门 巾帼减贫脱贫故事

民小组，自然村落极其分散，连接自然村落的道路近40公里。山大沟深、干旱缺水是这里的典型特征。初到立桥，许多困难是无法预知的，他不得不改掉许多生活习惯，学会适应。

　　长在东北的高宏亮习惯了吃米饭，但在这里，这个年轻人不得不面对各种馍馍、面片和扯面，难得吃上一顿米饭。蔬果对于村里人来说更是稀罕物，洋芋和萝卜几乎每餐必备。能喝上一口干净的水也是一种奢侈，每次烧开的水要等着水垢慢慢沉淀下去变清澈了，才能饮用。旱厕、火炉子、屋里的各种小虫子，以及十天半个月洗不上一次热水澡，高宏亮都要学着去接受。这里的冬天，窗子封闭不严，假如没有火炉和电褥子会非常难熬。有时太冷，只能和衣而睡才能熬过寒夜。睡前封炉子也是一项必备的生存技能，同时还要做好通风，避免煤气中毒的危险。

高宏亮需要适应的不仅是环境,还有工作方式方法。没了办文办件,少了办公室中的电话传真,整天要面对的是纷繁琐碎、杂七杂八的各种小事,可对于群众来说,没有任何一件是小事。

2015年的危房改造信息采集要得急,又恰逢漳县的阴雨天,通往黄家山的山路异常难走,车子没走几步就趴了窝。没办法,高宏亮只能跟着老书记王玉明和驻村组长董晓波徒步进村,踩着泥泞的山路,鞋底粘了厚厚的泥巴,从清早忙到下午,终于把两个小组几十户的影像信息采集齐全了,中午顾不上也没条件解决一顿午饭。这样的事情对于基层干部是再普通不过的了,他们早已习以为常。

村里的五保户岳东海是孤寡老人,被安排在盐井乡养老院,2016年1月12日突然去世。老人的后事自然就落到了村"两委"的头上,选坟地,买棺材,入殓下葬,前前后后都是乡政

府和村"两委"以及老乡们在操持。高宏亮与乡村干部一道亲自给老人家扶灵,妥善地料理了后事。在这之前,除了至亲去世,他从不曾想过自己有一天会扶灵安葬一位素不相识的老人。村子里另一户五保户任桂芳老人同样是孤寡老人,乡村干部几次做老人家工作,安顿其去养老院,可老人家不愿离开故土。村干部只能定期入户看望老人家,尤其是极端恶劣天气和寒冷的冬季,要千方百计想办法帮助老人家解决生活上的困难。

　　刚到村里时,为了尽快摸清情况,开展工作,高宏亮主动提出要求第一时间入户走访。就是这样一个不足1700人的村子,全部走访到用了近4天的时间。这只是个太平常不过的开始,随着时间的推移和了解的深入,他所要面对的是积贫积弱的小村、残缺不全的"两委"班子、错综复杂的历史矛盾、萎

靡不振的干部士气,一个让人几乎无从下手的烂摊子。千难万难,没有退却的选择,只有咬紧牙关奋力前冲。

立桥村的主要收入,一个是农业产出,另一个是劳务输出。任职以来,高宏亮依靠48.6万元项目资金引进良种羊486只,建暖棚81座;完成5个小组的人畜饮水管道铺设工作,解决了174户796人的饮水问题,实现全村自来水入户率100%;完成全村沙化道路13.5公里项目,有效缓解了村民出行难的问题。他组织带领村民成立了中华蜂养殖农民专业合作社,以王老二土蜂养殖场为依托,改造土蜂巢,引入活框养殖技术。请不起专业老师,高宏亮就向远在东北的亲戚朋友请教蜜蜂的养殖技术,不断自学,摸索实践。他向土蜂农传授中华蜂的科学化养殖和精细化管理技术;自费购买书籍赠送蜂农,培训现代养蜂人;还购进一批专业养蜂工具和粗加工设备,联系产品包装,形成进入市场的初级生产销售范式。一年多来,立桥山蜂厂从6箱中华蜂起家,到高宏亮挂职期满回京时,已发展至70余箱,累计创造产值14万多元。

从2015年7月到2016年10月,尽管工作任务繁杂琐碎,工作困难接踵而至,工作成绩取得也异常艰辛,但作为全国妇联第一个派驻到村任职第一书记的年轻干部,高宏亮以苦为乐,打好了这一仗。从走村入户蹚垄沟,到加班熬夜赶山路;从寒夜孤寂伴青灯,到穿行陇上拜苍生,他用实际行动践行了打赢脱贫攻坚战的坚强决心。

(图文:全国妇联发展部)

图书在版编目（CIP）数据

勤劳敲开幸福门：巾帼减贫脱贫故事 / 全国妇联妇女发展部，全国妇联联络部编. ——北京：中国妇女出版社，2020.1

ISBN 978-7-5127-1826-5

Ⅰ.①勤… Ⅱ.①全… ②全… Ⅲ.①女性-扶贫-中国-文集 Ⅳ.①F126-53

中国版本图书馆CIP数据核字（2019）第287925号

勤劳敲开幸福门——巾帼减贫脱贫故事

作　　者：	全国妇联妇女发展部　全国妇联联络部　编
责任编辑：	孔　姿
助理编辑：	刘煜溪
封面设计：	吴晓莉　李　甦
责任印制：	王卫东
出版发行：	中国妇女出版社
地　　址：	北京市东城区史家胡同甲24号　邮政编码：100010
电　　话：	（010）65133160（发行部）　65133161（邮购）
网　　址：	www.womenbooks.cn
法律顾问：	北京市道可特律师事务所
经　　销：	各地新华书店
印　　刷：	北京中科印刷有限公司
开　　本：	170×240　1/16
印　　张：	16
字　　数：	175千字
版　　次：	2020年1月第1版
印　　次：	2020年1月第1次
书　　号：	ISBN 978-7-5127-1826-5
定　　价：	98.00元

版权所有·侵权必究　（如有印装错误，请与发行部联系）

DILIGENCE
&
HAPPINESS